Ingr

Veronica Pivetti

HO SMESSO DI PIANGERE

La mia odissea per uscire dalla depressione

MONDADORI

www.librimondadori.it

Ho smesso di piangere
di Veronica Pivetti
Collezione Ingrandimenti

ISBN 978-88-04-61434-0

I edizione gennaio 2012
Anno 2012 - Ristampa 1 2 3 4 5 6 7

Ho smesso di piangere

Prefazione

Lunedì 100.

Martedì 75.

Mercoledì 100.

Giovedì 75.

Venerdì 100.

Sabato e domenica 75.

Microgrammi, s'intende.

Microgrammi di Eutirox, una medicina che prendo tutte le mattine e che prenderò finché campo perché sostituisce la mia tiroide che, molti anni fa, ha dato forfait.

Per chi non lo sapesse, la tiroide è una ghiandola che si trova nella parte anteriore del collo. È molto importante, quindi, nonostante io sia una persona che se ne frega allegramente della salute, mi sento di spezzare una lancia in favore di un bel prelievo di sangue che vi consiglio caldamente di fare per controllare il vostro FT3, FT4 e TSH. Cosa sono? Ormoni che è meglio che non sbrocchino, sennò siete fottuti.

Lo dico perché i miei hanno sbroccato e io sono morta. Morte apparente, occhei, ma pur sempre morte.

Quindi, non fate i gradassi e controllate 'sti benedetti valori tiroidei, perché se poi vi capita quello che è successo a me sono guai.

Nel 2002 la mia tiroide ha dato i numeri, si è starata e mi ha traghettato verso una forte depressione. Nel 2008 uscivo da questo micidiale periodo di sfiga nera e ricominciavo a vivere. Sei anni infami.

Anni nei quali mi sono detta continuamente che era inutile campare così. Il tempo triste sembra sempre tempo perso.

D'altra parte, chi preferisce soffrire anziché gioire alzi la mano! Un pazzo, forse.

Invece, pur detestando chi ti dice che *il dolore aiuta a crescere* e che *le sofferenze ti servono per conoscere te stesso*, ora mi ritrovo, vergognandomi un po', ad ammettere che è proprio così. Sembrano parole gonfie di retorica, forse lo sono, ma c'è del vero.

Oddio, non è che uno si debba augurare un tumore per esser felice, ma è fuor di dubbio che il dolore ti obbliga ad analizzare la tua persona nuda e cruda, senza orpelli e senza distrazioni. Ti costringe a uno spietato faccia a faccia col tuo io e se quello che vedi non ti piace è affar tuo, perché è la verità.

E sul fatto che è sempre meglio dirsi la verità piuttosto che una bugia siamo tutti d'accordo, almeno in questo libro.

Insomma, per sei anni sono sparita, sono stata solo un mortifero individuo che aspettava che passasse.

Ma cosa? Cosa doveva passare?

Il problema vero della depressione è che non la puoi raccontare, non la puoi descrivere. È invisibile.

La depressione non è solo tristezza. È fine. Ma come la racconti la fine?

E poi la depressione, come la legge, *non è* uguale per tutti. Ci sono forme molto gravi, altre lievi, alcune durano anni, altre passano con un po' di sacrosante medicine.

Io vi voglio raccontare la mia depressione. È la sola che conosco perché è germogliata dentro di me, è cresciuta, si è sviluppata, mi ha invasa e, grazie a Dio, è morta.

E per quanto sappia benissimo che ogni uomo è unico e irripetibile (e di fronte a certi stronzi, detto fra noi, è veramente una consolazione) posso dire che, almeno, noi depressi ed ex depressi siamo una *G.F.I.*

Una *Grande Famiglia Infelice*.

Lacrime e disperazione ci affratellano e ci sostengono ed è bello sapersi in tanti.

Un esercito di depressi potrebbe conquistare il mondo, potrebbe ripopolare il pianeta perché, per dirla con le Sacre Scritture *il loro numero era legione.*

Quindi: depressi sì, soli no.

Chiunque sia stato depresso, lo sia in questo preciso momento, o abbia in programma di diventarlo, stia tranquillo: sarà in buona compagnia e fra queste pagine troverà tutta la comprensione possibile, l'affetto più sincero e una mano tesa.

Perché sì, quello di cui ha bisogno un depresso, prima di tutto, è comprensione. Ovviamente un ottimo psichiatra e alcuni ettogrammi di pillole fanno la parte del leone, ma la comprensione è quella sorta di sedia a rotelle che, lenta ma inesorabile, scricchiolando, accompagna il depresso fuori dal tunnel.

D'altronde, pensateci. Quante persone conoscete in grado di capirvi veramente? Quante persone avete intorno che si sforzano di comprendervi? Se la risposta è *tante*, chiudete questo inutile libro. Se invece pensate che, sotto sotto, non vi capisce nessuno e che siete soli al mondo come un bambino in un orfanotrofio abbandonato in una terra falciata da un'epidemia, proseguite pure.

Perché trovare su questa terra qualcuno che abbia voglia di assumersi la cura di una persona in difficoltà è oro colato, è un ago in un pagliaio, è più unico che raro. E c'avrei un sacco di altri proverbi.

E poi, è giusto dirlo forte e chiaro: il depresso è una palla micidiale. Avere un depresso che si aggira per casa è una iattura, una rottura di coglioni senza pari.

Perciò, chiunque abbia avuto un amico, una famiglia, un vicino di casa che abbia retto la sua depressione e che l'abbia tollerato senza ammazzarlo, può ritenersi molto fortunato. Lo dico perché so cosa sono stata io nel periodo buio.

Sono stata triste, piangente, cupa, noiosa e sporca. Eh sì, anche sporca.

Mi sono lavata molto poco e molto male. Sarà stato perché la depressione mi aveva tolto la voglia di vivere, ma io di sicuro la toglievo al mio prossimo se solo mi avvicinavo controvento. La totale mancanza di libido si era manifestata in tanti modi, fra cui l'assenza di cura del mio corpo, e il sapone non era fra le mie priorità.

Ho campato diversi inverni con un golf che tenevo in casa e col quale andavo a dormire per poi rindossarlo il giorno dopo. Il collo delle mie maglie era giallino. Cambiavo regolarmente le mutande, ma le calze molto meno. Si vede che le piattole erano distratte, perché sarei stata la loro terra promessa.

Camminavo curva e attraversavo la strada con lentezza esasperante, sperando che qualche automobilista impaziente mi tirasse sotto, invece ho incontrato piloti comprensivi e cortesi.

Evidentemente ci sono in giro molti meno assassini di quanti pensiamo.

Ed è nato tutto da quella stronzissima ghiandola che ha dato i numeri nel 2002.

Ma siccome, come ho già detto, l'argomento salute è per me ancora assai poco interessante, sul mio comodino l'Eutirox non c'è.

E non solo perché non c'è nemmeno il comodino, ma perché voglio dimostrare al mondo e a me stessa che non dipendo da niente. Men che meno da una pastiglia. Naturalmente questa è una cazzata, perché senza Eutirox morirei, ma non gliela voglio dare vinta. Quindi, con ottusa cocciutaggine fingo che impasticcarmi sia un'eccezione.

Eccezione che si rinnova con spietata metodicità tutti i giorni.

Lo so, non è logico, ma è più forte di me.

Una volta ero perfettamente funzionante, ero nuova di trinca. E credevo che fosse quella la verità. Ora sono un po' rattoppata, ho un'anima patchwork e una psiche in divenire. Ed è questa la verità. Ma va bene così, perché la vita si fa con quello che c'è, non con quello che vorremmo. E poi, come dice mia mamma: l'ottimo è nemico del buono.

1

«E mi raccomando, torni presto a farci ridere!» mi ha urlato il dottor Tognetti mentre uscivo dal suo studio.

Quella mattina, come molte altre prima, avevo sperato di morire d'un colpo. Sotto una macchina? D'infarto? Poco importava, purché avvenisse e mi liberasse una volta per tutte dal dolore.

Perché soffrivo? Di cosa?

Di depressione, e non lo sapevo.

Risentivo quella frase... *torni presto a farci ridere!* Maledetto, l'avrei preso a calci in culo quel coglione. Io morivo lentamente, andavo a pezzi, e lui manco se n'era accorto.

Nemmeno lo immaginava che stessi in piena depressione e che la colpa fosse anche dei farmaci sbagliati che mi aveva dato un suo illustrissimo collega. Dio santo, che associazione per delinquere.

I medici mi hanno salvato, i medici mi hanno massacrato.

Alcuni medici mi hanno ridato la vita, altri me l'hanno tolta, o almeno ci hanno provato con molto impegno e poca coscienza. Alla faccia del giuramento di Ippocrate.

Ero depressa. La mia era una depressione *non reattiva,* cioè, non era stata scatenata da un fatto negativo. La depressione non reattiva può essere su base organica o iatrogena. Io avevo entrambi i tipi.

La solita perfezionista.

Mi ero ammalata alla tiroide, una ghiandola molto importante e altrettanto suscettibile che abbiamo nella parte anteriore del collo. Era successo in seguito a una tiroidite, una malattia che, nella maggior parte dei casi ha un esordio lento e molto raramente si presenta in forma acuta. Naturalmente io l'avevo avuta in forma acuta con relative conseguenze, *acute* anch'esse. Anzi, *acuminate.* Puntute e taglienti come coltelli.

È cominciato tutto una notte, a Bologna, durante una tournée teatrale.

Saranno state le due, le tre. Mi sono svegliata col corpo che andava a fuoco, mi faceva male tutto, sembrava che mi avessero spaccato le ossa.

Mi sentivo come minimo quaranta di febbre, pareva che il lenzuolo sfiorasse la carne viva. Sono andata in bagno a vomitare, avevo anche la diarrea. Una vera figa.

Dopo aver prodotto un'esagerata quantità di materiale di scarto mi sono rimessa sotto le coperte, convinta che mi stesse arrivando un'influenza tremenda. Ma la fronte era fresca, non scottavo affatto.

Ho tirato in qualche modo le sei del mattino e mi sono fatta chiamare un medico generico dall'albergo il quale, dopo un'occhiatina standard, ha azzardato che sì, forse mi stava proprio venendo l'influenza.

Eppure ero freschissima, avrei potuto refrigerare una stanza di cento metri cubi se mi ci avessero lasciato dentro con porte e finestre sigillate.

Ricordo bene lo sguardo impotente e il mezzo sorriso con cui quel signore annaspava in cerca di una diagnosi mentre io, spellata viva, mi dibattevo sotto le lenzuola come Linda Blair nel famoso film.

Il perplesso dottore, ovviamente, non immaginava di trovarsi di fronte a una tiroidite da manuale, né il sospetto lo ha sfiorato minimamente.

Come se non bastasse, tra un ululato e un rantolo io facevo battute e la buttavo sullo scherzo confondendogli ulteriormente le idee.

Questo è un mio grande limite. Non rinuncio a ironizzare sulle situazioni che mi vedono in difficoltà. Più me la vedo brutta più faccio la spiritosa, così gli altri ridono e col cacchio che mi prendono sul serio. Ovvio che poi non mi devo lamentare se nessuno crede alle mie sciagure.

Comunque, il medico spaesato ha diagnosticato un'influenza fantasma e se n'è andato.

Ho tentato di dormire per qualche minuto ancora, ma inutilmente. Quando non turibolavo sotto le coperte, vomitavo o defecavo, tutte cose che, come si sa, si fanno da svegli.

Il giorno stesso, avevo un appuntamento con un tizio che aveva vinto un pranzo in mia compagnia. Sì, lo so, è folle, ma a questo mondo esistono anche cose del genere: che una persona vinca la possibilità di passare un paio d'ore con un attore che gli piace. O un'attrice. Nella fattispecie io. Mi sarei sparata.

Sapevo che non sarei riuscita nemmeno a guadagnare la porta della mia stanza d'albergo in posizione eretta, figuriamoci se avrei mai potuto sostenere una bella mangiata con un fan. E avrei anche dovuto essere carina e affabile, perché 'sto disgraziato, giustamente, si aspettava l'attrice ridanciana e alla mano che era abituato a vedere in televisione.

Non è che io generalmente mi metta in palio per pranzi e cene, ma era successo che un'organizzazione di beneficenza di Bologna, la città nella quale recitavo in quel momento, mi avesse chiesto se ero disposta a regalare un paio d'ore di tempo come premio in una sorta di riffa.

Avevo detto sì.

Il malcapitato che aveva vinto 'sto pranzo sarebbe venuto all'appuntamento in compagnia di una delle incaricate dell'organizzazione di beneficenza e tutti insieme saremmo andati al ristorante. Dio santo.

Stavo sotto le coperte come una salma. Lazzaro, il giorno della resurrezione era sicuramente più in forma di me, pur essendo già di quattro giorni. Non a caso, *lui* era risorto.

Come se non bastasse, quella sera, ovviamente, avrei dovuto fare lo spettacolo.

Mi aspettava una giornata d'inferno. Speravo almeno di non vomitare in faccia a quel poveraccio che era stato estratto a sorte.

Durante il pranzo mi sono alzata di continuo per correre in bagno, proprio come Doris Day nel film *Il visone sulla pelle*, che ogni cinque minuti si ferma a una stazione di servizio sulla statale per fare pipì sperando di farsi raggiungere da Cary Grant di cui è pazzamente innamorata. Ahimè qui non c'erano né Cary, né Doris, c'ero solo io con la diarrea.

Che avranno pensato di me quei due al tavolo del ristorante? L'interessato avrà mai più comprato un biglietto della lotteria?

Non ricordo quasi nulla di quell'esperienza, ma sono sicura di aver dato di me un'immagine schifosa. Un'attrice non giovanissima, malaticcia, cupa e incontinente.

Verso le tre del pomeriggio ho riportato le mie stanche membra e i miei intestini infiammati in albergo, ributtandomi sotto le coperte in attesa di andare in teatro verso le sei. Presto, lo so, ma io amo arrivare prima, molto prima, ovunque debba andare.

Ho fatto non so come lo spettacolo e, tornata in albergo, sono svenuta fino alla mattina dopo.

I giorni seguenti la situazione è migliorata. Non so perché. Non mi ero curata affatto e continuavo a non sapere cosa mi fosse successo, ma la mia vita si è normalizzata. Tanto che ho finito la tournée in santa pace.

Però dimagrivo.

Dimagrivo a vista d'occhio, mangiavo come un bue, cagavo di conseguenza e avevo la tachicardia fissa, di giorno e di notte. Ero anche diventata totalmente insonne. Ero in uno stato di eccitazione totale, e quando dico eccitazione è chiaro cosa intendo. Anche dal punto di vista sessuale avrei potuto dar lezioni a Linda Lovelace e alle sue colleghe, se non per l'inventiva almeno per la quantità di tempo impiegato a scopare.

Sorge spontanea la domanda: perché voler guarire da uno stato di grazia del genere quando c'è gente che si piglia delle pasticche e si applica delle pompette per raggiungerlo? Sono ancora qui che me lo chiedo, ma credo che, in tutta onestà, gli eccessi possano essere divertenti se li decidi tu, non se li decide il tuo corpo, tuo malgrado.

È pur vero che sono sempre stata una persona molto attiva, quasi agitata. Anzi, proprio agitata. Tanto per dirne una, è da quando sono nata che, per riuscire ad addormentarmi, devo assolutamente muovere ritmicamente le gambe cullandomi fino a che il sonno non arriva. Non riesco mai a stare veramente ferma, perché c'è sempre una mia gamba che saltella come l'ago della macchina da cucire, anche se il resto del corpo è costretto all'immobilità. Sembra la gamba di un'altra persona, segue un ritmo tutto suo e non si ferma nemmeno se le metti un piombo alla caviglia.

Nonostante questo curriculum da agitata cronica, quando il mio corpo ha cominciato a dare i numeri e a farmi eccedere in tutto ho pensato che, forse, qualcosa non andava. Oddio, trovatemi una persona che si dispiace di dimagrire mangiando in continuazione e che si rammarica di andare di corpo come un'oloturia. Non c'è, non esiste, tutti sappiamo che mangiare ed espellere sono attività che rendono la nostra vita veramente degna di essere vissuta. Ma io stavo esagerando.

Infatti, quando anche il cuore ha cominciato a saltellarmi in petto come una molla, la questione si è fatta più delicata.

Mi sono ritrovata un giorno in sella alla mia bicicletta mentre pedalavo freneticamente per arrivare a villa Glori, splendido parco di Roma. È vero, stavo facendo una salita, ero affaticata, ma il cuore mi batteva talmente forte che non sentivo più il rumore del traffico. Non sentivo i clacson, le moto che mi sfrecciavano di fianco, le pernacchie assordanti dei motorini...

Sentivo solo il martello del mio cuore tachicardico che mi spaccava i timpani perché stava per saltare fuori dalla cassa toracica. *Alien*.

Sono arrivata a destinazione convinta di esplodere di lì a poco e mi sono seduta su una panchina.

Ero distrutta, sudata come un bue e praticamente sorda.

Non lo sapevo ancora, ma, come mi disse il medico che mi visitò qualche tempo dopo, avevo rischiato un infarto.

Lì a villa Glori, totalmente ignara, mi sono limitata a riposare un po', a tentare di respirare con un ritmo che non ricordasse una bossa nova e a farmi passare la paura.

Poi mi sono rimessa in cammino portando a mano la mia bicicletta e giurando a me stessa che non l'avrei usata mai più. E così ho fatto.

Per la poca dimestichezza che ho sempre avuto con le medicine e il totale disinteresse nei confronti di tutto ciò che è *salute* in generale, non mi sono precipitata da un dottore a raccontare quello che mi era successo, come avrei dovuto fare. Una vera deficiente. Grazie a Dio, però, proprio in quei giorni, dovevo presentare una serata benefica organizzata da alcuni medici che raccoglievano fondi per un'associazione di volontariato.

Mentre stabilivo col socio fondatore dell'associazione il programma della serata, mi è venuto in mente che tutto sommato era un medico e che avrei potuto anche raccontargli quello che mi era successo.

Gliel'ho raccontato e l'ho visto impallidire. Mi ha ordinato di fare immediatamente le analisi della tiroide.

«Di che?» gli ho chiesto io.

Mi ha spiegato cos'era la tiroide, mi ha spiegato a che serviva e si è raccomandato, una volta fatte le analisi, che gliele portassi a vedere.

«Ok, lo farò» ho detto.

Quindi, dopo forse dieci anni dall'ultima volta che avevo visto l'ago di una siringa, sono andata a farmi un bel prelievo.

Era il 14 giugno del 2002.

Risultato: un disastro. I miei valori tiroidei erano molto simili al gioco del lotto: numeri a caso più il jolly.

Ho portato al dottore la cartellina e lui mi ha spedito immediatamente da un suo amico endocrinologo dal quale sono andata fiduciosa e baldanzosa.

A quel punto sono cominciati i miei guai.

8 luglio 2002.

Il dottor Simoni, dopo un'attenta analisi delle mie analisi, mi ha chiesto come mai non fossi morta.

«Non saprei» ho risposto. Sembrava deluso.

Così lo ha chiesto anche alla mia amica Giordana che mi aveva accompagnato alla visita.

Anche lei non sapeva che rispondere. Ero inequivocabilmente viva, che gli piacesse o no.

Simoni ha mostrato tutto il suo disappunto per la nostra scena muta e ha deciso di tranquillizzarci dicendo che era solo questione di tempo: avrei potuto avere un infarto da un momento all'altro. Sembrava quasi soddisfatto, ma questa potrebbe essere una mia visione distorta dettata dal rancore.

Il livello di ipertiroidismo a cui ero arrivata, ha detto Simoni, mi metteva di diritto fra quei malcapitati che da un momento all'altro avrebbero potuto fare il botto.

Il mio primo pensiero è stato *Che culo! L'ho scampata!*

Il primo pensiero di Giordana è stato *Oddio, sta morendo.*

Questo, tanto per dare un'idea del mio modo di vedere la vita e di quello della mia migliore amica.

Preoccupato per la mia situazione sanitaria, Simoni ha detto che era assolutamente necessario sistemare la mia tiroide. Dovevo cominciare una cura, lui mi avrebbe seguito passo passo.

Per la cronaca, ecco alcuni sintomi dell'ipertiroidismo: dimagrimento (ne ho già parlato, mangiavo e dimagrivo. Divertente, ma sospetto), intolleranza al caldo (sudavo anche da ferma), tachicardia (assordante), diarrea (sempre. E lì ho capito che ne uccide più la stitichezza che la spada perché ero circondata dall'invidia generale), nervosismo, tremore alle mani, irregolarità mestruale (il gioco della tombola sarebbe stato più scientifico), occhi sbarrati o sporgenti (non è successo, ma ho passato intere mezz'ore a fissare lo specchio temendo di sbulbare lì per lì) e, dulcis in fundo, crescita del gozzo. Non credo ci sia bisogno di spiegare quanto mi atterrisse quest'ultima possibilità.

Quindi: la mia tiroide lavorava troppo, dovevamo assolutamente farla rallentare.

All'uopo sarebbero servite le medicine che il dottore mi aveva prescritto, cominciando a sgretolare, senza che io potessi lontanamente immaginarlo, la mia vita futura.

Mi ha dato un farmaco chiamato Tapazole, nome che mi ha subito fatto pensare alla pampa sconfinata con Speedy Gonzales e i suoi compari. Sembrava un piatto messicano a base di chili e formaggio fuso. Sbagliavo. Il Tapazole è un importante farmaco che serve a bloccare l'ipertiroidismo. Meno gustoso di chili e formaggio ma decisamente più utile. Al Tapazole avrei dovuto aggiungere anche l'Inderal, un betabloccante, giusto per scongiurare quell'infarto malandrino che pareva aspettarmi dietro l'angolo. Il tutto condito con una spruzzata di Lexotan, un classico.

Un Happy Hour farmacologico.

I medicinali erano perfetti, la ricetta era giusta. Le dosi, no.

Simoni mi ha salutato raccomandandomi l'immobilità assoluta.

«Faccia al massimo il giro della casa!» mi ha ordinato.

Ok, avrei fatto al massimo il giro della casa.

Io e Giordana siamo uscite dal suo studio. Ero tranquilla, avevo rischiato l'infarto e non mi era venuto, perciò ero contenta. Giordana era allucinata, mi guardava come se avessi potuto schiattarle lì sul marciapiede.

Ho cercato di rassicurarla, ero viva! E poi io sono fatta così, non mi preoccupo mai.

La sera stessa mi ha invitato a dormire sul suo divano, non voleva che stessi da sola a casa tutta la notte. Autosuggestione? Dal momento che mi aveva accompagnato da Simoni e si era sciroppata tutta la visita, ho accettato e l'ho accontentata.

Ho dormito come un pisello in un baccello, e quando la mattina dopo mi sono svegliata l'ho trovata lì che mi fissava. Aveva passato così tutta la notte, aspettava il mio infarto. Un po' come quando aspetti l'eclissi, ma meno divertente.

L'ho pregata di non temere per la mia incolumità perché sicuramente il peggio era passato, ora non potevo che migliorare. Tanto più che avevo già iniziato a prendere le medicine che avrebbero dovuto riportare un po' di equilibrio.

Mi ha fatto un sorrisino fisso e ho capito che non si sarebbe rilassata per parecchi anni. Giordana è così: molto ansiosa. Ma è anche la persona che mi ha accompagnato per mano nel corso di questa lunga malattia della quale finora ho raccontato solo i pallidi albori. Il bello, se questo è il termine, deve ancora venire.

Ed è grazie a Giordana se ho potuto affrontare il momento più buio, difficile e doloroso della mia vita. Ha combattuto con me una battaglia durissima e spesso l'ha combattuta al posto mio, caricandomi sulle sue spalle. E mi ha salvato.

Quindi, grazie Gio.

2

Dall'8 luglio al 3 settembre del 2002 sono ingrassata dieci chili.

Roba da "National Geographic".

Sono sempre stata una persona magra, ossuta, scattante. Nel giro di due mesi sono diventata Palla di lardo di *Full Metal Jacket*. Anche caratterialmente. Dormivo, ciucciavo pastiglie, trascinavo i piedi di qua e di là. Ero completamente ottusa. Vivevo al rallentatore, ragionavo al rallentatore, pativo al rallentatore. Facevo fatica anche a fare il famoso giro della casa raccomandatomi da Simoni.

I primi tempi la cura sembrava funzionare. Mi ero calmata, avevo riacquistato qualche etto, il cuore batteva a tempo, mangiavo un po' meno e andavo al cesso solo tre volte al giorno, non otto. Lentamente, subdolamente, questo stato è peggiorato. E poi è peggiorato. E poi è peggiorato.

E mentre la mia mente si intorpidiva, perdevo interesse per tutto.

Giordana era preoccupata, vedeva che la mia vita arrancava.

Allora non lo sapevo, non potevo immaginare che in quel preciso momento stessi precipitando in un ipotiroidismo da manuale, perché nemmeno sapevo l'ipotiroidismo cosa fosse. Ero totalmente ignara di quello che Simoni aveva in serbo per me. Non me ne aveva parlato, non mi aveva spiegato. Aveva solo *ordinato*.

Ma consultando un qualunque sito internet (facile dirlo adesso, col senno di poi!) alla voce ipotiroidismo si legge: aumento di peso, stanchezza, depressione, battito cardiaco rallentato, perdita di memoria, stitichezza, gonfiore del viso, irregolarità mestruale, infertilità.

Partiamo dall'infertilità. Penso che sia un falso problema. Può anche darsi che una persona affetta da ipotiroidismo faccia fatica a riprodursi, ma prima trovalo uno disposto a scopare con una grassa, stanca, depressa, cardiopatica, smemorata, stitica e gonfia! È già difficile trovare un uomo che non rompa i coglioni se deve accompagnarti a far la spesa, pensa se ne trovi uno disposto a sobbarcarsi 'sta sequela di sciagure. Per tacere del fatto che riprodursi, per un ipotiroideo grave com'ero io, è gradevole quanto ricevere una cartella esattoriale il giorno in cui deve operarsi di emorroidi.

Comunque, quando ho dovuto fare i conti con il cosiddetto *aumento di peso*, non immaginavo che significasse fare un corpo a corpo con dieci chili che mi si erano aggrappati al culo dal giorno alla notte. Quello non era un aumento di peso, era un disastro nucleare. E quell'affare lì dietro non era il mio culo, era un fungo atomico.

E se per la medicina corrente la dimensione larvale nella quale fluttuavo era catalogabile come *stanchezza*, ora capisco perché definivano *stitichezza* quell'ingorgo da controesodo che si stava verificando nel mio intestino.

Mangiavo svogliatamente e producevo poche raminghe pallottoline fecali a fronte di decine e decine e decine di minuti passati sulla tazza in contemplazione delle piastrelle.

La mia faccia, poi, era diventata rotonda. Un pallone da basket; avrei giurato che a palleggiarci avrebbe rimbalzato. Forse quello scempio era ciò che gli esperti definiscono con tanto garbo *gonfiore del viso*? Ironia della sorte, qualche giorno prima del tracollo avevo deciso di tagliarmi i capelli. Avevo scelto un taglio sbarazzino, pensavo che mi avrebbe fatto sentire più leggera.

Quattro peli superflui su un globo rosa e gonfio. Io. Un cesso.

Ciabattando come al solito sono finalmente andata a fare le nuove analisi del sangue prescritte da Simoni per controllare i miei valori tiroidei e ho scoperto che ero precipitata in un ipotiroidismo da Guinnes dei primati.

Il mio TSH, l'ormone che stimola la funzione della tiroide era altissimo, esattamente otto volte maggiore del massimo valore accettabile.

La solita gradassa.

Con le mie disastrose nuove analisi sono andata da Simoni.

Giordana era con me. Lui mi ha cambiato la cura, mi ha tolto alcune medicine e me ne ha aggiunte altre, tipo gioco delle tre carte.

Mi ha rassicurato sul mio stato comatoso minimizzando e garantendomi che tutto procedeva per il meglio. Per il meglio? Ma non vedeva che cos'ero diventata? Mi ha dato appuntamento di lì a tre mesi e mi ha congedato.

Non l'ho rivisto mai più. Ma non per scelta mia, è partito.

Il mio stato *confusional-depressivo* marciava spedito mentre io ero sempre più lenta.

Con un residuo di lucidità ho telefonato a Simoni per metterlo al corrente dei miei progressi sulla via della pazzia e mi ha risposto una segretaria affabile come un avvoltoio a digiuno.

«Il dottore è in Cile.»

«Ah. Quando torna?»

«Richiami fra tre giorni.»

«Ma non sa quando tornerà?»

«Fra un mese.»

«Ah...»

Clic.

Che dovevo fare? Cercavo un orecchio attento ai miei problemi, ma era volato oltreoceano attaccato al mio medico curante. Che sarebbe tornato tra un mese. Non potevo rimanere in quello stato per tutto quel tempo, era pazzesco.

Non lo sapevo ancora, ma la mia depressione stava per esplodere in tutto il suo splendore. Era solo questione di giorni.

In quel periodo dovevo cominciare a lavorare su un set piuttosto impegnativo, sei mesi di lavoro in una lunga serie televisiva. Si girava vicino a Roma, ma sarebbe stato assai gravoso per me tornare tutte le sere a casa per ripartire la mattina prestissimo, perciò avevo deciso di fermarmi a dormire fuori portandomi Harpo, il cane che viveva con me da un paio d'anni. Il mio grande amore.

Appena arrivata in albergo sono stata assalita da una tristezza improvvisa. Un dolore profondo mi aveva colto di sorpresa mentre disfacevo la valigia.

È vero, quello non era un gran periodo, ma quello che stavo provando in quel preciso istante era assolutamente sproporzionato.

Mi sono attaccata al telefono, ho chiamato Giordana e ho cominciato a farfugliare e a piangere. Credo che le sia venuto un colpo, ma ha nascosto la preoccupazione minimizzando, provando a tranquillizzarmi e ascoltando il mio disagio.

Sono andata a dormire afflitta e sconsolata e la giornata si è chiusa lì, mentre Harpo russava al mio fianco.

La mattina dopo ero sul set.

Stessa solfa. Cuore che pesava cento chili e dolore esistenziale. Bel binomio.

Come se non bastasse, due giorni prima avevo dovuto farmi applicare delle extension ai quattro peli che mi erano rimasti sulla testa dopo il taglio radicale, perciò avevo dei ciuffetti di capelli finti lunghi tre centimetri attaccati con delle gocce di colla ai miei capelli veri, o a quel che ne rimaneva. Quando la notte prima avevo appoggiato la testa sul cuscino, avevo sentito i pallini di colla rappresa contro la cute. Dovevano essere un milione. Un sacchettino di ghiaia al posto del guanciale, l'ideale per schiacciare un pisolino. Un supplizio che ai cinesi del Medioevo era stranamente sfuggito.

Comunque sono andata sul set, ho girato un paio di scene e mi sono rifugiata nel mio camper.

La cosa veramente difficile era far credere al mondo esterno di stare benissimo, di essere sempre la solita persona di buon carattere e con la voglia di scherzare che tutti conoscevano.

Purtroppo è così, non si capisce perché, ma in questo ambiente (fasullo), se stai male non lo devi far capire. Se sei un assassino ti accettano più facilmente che se sei depresso.

Perciò ho tenuto per me il mio stato d'animo buio.

Quando è arrivata l'ora di pausa ho avuto bisogno di camminare, di farmi un giretto. Credo che camminare mi desse l'impressione di allontanarmi da quello che ero e di avvicinarmi a qualcosa di sconosciuto, certamente più bello.

Ricordo di essermi fermata davanti a un negozio che vendeva bambole di stoffa. Erano molto belle, mi ricordavano le Holly Hobbie che andavano di moda quando ero una ragazzina. Ed è stato lì che sono crollata. Ho pensato, guardando quella vetrina, che la fine fosse vicina. Non la morte, la fine.

La fine della felicità, la fine della vita che avevo vissuto fino a quell'istante, la fine della mia presenza attiva nel mondo.

Ho sentito che tutto era dolore e lo sarebbe stato per sempre.

Ovviamente non mi spiegavo il perché. Ancora adesso, dopo tanti anni, ricordo perfettamente l'assurdità di quella sensazione che mi faceva sentire una persona diversa. Ero diversa perché improvvisamente non assomigliavo più a nessuno. Non vivevo più nel mondo con gli altri, non condividevo più le sensazioni degli altri. Ero in un mondo mio, brutto, unico, esclusivo.

Non auguro a nessuno di trovarsi in una situazione del genere, ma so che in questo preciso istante ci sono milioni di persone che stanno così.

La depressione è un male profondo, assoluto.

È più buia del nero e più trasparente dell'aria.

Bisogna affrontarla perché tanto non si scappa.

Ma è un vento che passa e le cicatrici che lascia possono essere perfino attraenti.

Il primo giorno di riprese finiva e, ovviamente, avevo deciso che non mi sarei affatto fermata fuori a dormire. Ero troppo angosciata, avevo bisogno di tornare a casa e di ritrovare l'equilibrio fra i miei oggetti e i miei spazi.

Pensavo che tra le pareti di casa avrei ritrovato anche un po' del mio spirito, del mio carattere, del mio umore, come se li avessi lasciati lì il giorno prima, quand'ero partita.

Tornavo a Roma, dunque.

Ero seduta in macchina piuttosto catatonica, molto stanca (esageratamente per quello che avevo fatto) e Harpo dormicchiava ai miei piedi mentre probabilmente il ragazzo che mi stava riaccompagnando a casa pensava che fossi lobotomizzata.

A un certo punto ho guardato le mie gambe e mi sono domandata di chi fossero. Giuro. Vedevo 'ste due gambe e non le riconoscevo. Due intruse che si erano piazzate in un abitacolo già abbastanza stretto, ricoperte da un paio di pantaloni verde militare.

Sono ancora molto grata a quel residuo di cervello che mi ha impedito di chiedere all'autista di chi fossero le gambe che avevo lì davanti, perché, non lo nego, la domanda mi bruciava sulla lingua. Per fortuna non l'ho fatta.

Mi aveva trattenuto il fatto che ai miei piedi fosse sdraiato Harpo, perciò, se lui stava lì doveva esserci abituato. Si vede che 'ste gambe le conosceva. Questa estraneità di una parte del mio corpo mi dava una grande angoscia, ma la tristezza nella quale navigavo ormai da molte ore occupava la maggior parte delle mie facoltà mentali. Mi era sempre più chiaro che stavo diventando pazza. E che il dolore sarebbe stato il mio humus naturale fino alla fine dei miei giorni.

Ho chiamato Giordana e le ho detto che stavo tornando a Roma, omettendo ovviamente che stavo in macchina con un paio di gambe non mie. Perché preoccuparla? Gliel'avrei detto dopo, con calma. Comunque lei mi ha chiesto di passare prima a casa sua, voleva vedere come stavo. Era plausibile, io e Gio abitiamo a un isolato di distanza, dopo sarei andata a casa a piedi. Con gambe altrui, ho pensato io, ma pazienza.

Appena Giordana mi ha visto in faccia ha capito subito che ero strana. Ero afflitta, inespressiva e confusa. L'ideale per un'attrice brillante. Mi ha fatto sdraiare sul divano e lì le ho detto delle gambe. Non ha fatto una piega e mi ha chiesto delucidazioni come se fosse la cosa più naturale del mondo.

Questo mi costringe a fare un passo indietro (con le mie gambe, stavolta!).

Giordana è una persona con grandi capacità di analisi psicologica di sé e degli altri. È cresciuta con un nonno psichiatra che l'ha abituata ad analizzare i comportamenti umani e a capirne i perché e i percome. Se c'è una cosa che le devo assolutamente riconoscere è che per lei non c'è nulla che sia troppo strano o inspiegabile. È una persona totalmente priva di pregiudizi, che è poi l'unico modo per capire veramente il prossimo. Quindi, comprenderete facilmente perché raccontarle questo strano fenomeno delle gambe per me fosse inevitabile. Ero certa che avrebbe ascoltato e ci avremmo ragionato su insieme. E che avremmo tentato di dare una risposta al mio stato ansiogeno e doloroso.

Avevo appena finito di darle la notizia delle gambe quando mi sono fermata e l'ho guardata. Lei ha ricambiato il mio sguardo. Ricordo di avere avuto bisogno di metterla a fuoco stringendo gli occhi per vedere meglio quello che avevo davanti a me.

«Io non so chi sono» le ho detto e ho cominciato a piangere.

Mi ero persa. Definitivamente.

Ma non era come nei film, dove il protagonista con la scusa di cercare se stesso cambia vita e nella scena dopo sta prendendo il sole ai Tropici con dieci strafighe ciucciando un cocktail. Era una situazione di merda dove io non connettevo più, ero in uno stato confusionale e c'avevo pure delle gambe non mie.

Giordana si è inabissata nella sua libreria per cercare risposte fra i suoi molti volumi raccomandandomi di stare tranquilla e di provare a riposare. Sono rimasta sdraiata fissando il soffitto (attività che ho svolto con impegno da quel giorno per i successivi sei anni) e piangendo mentre andavo alla deriva.

È tornata dopo poco con gli occhi fuori dalla testa per la preoccupazione, si è seduta di fianco a me e ha cominciato a spiegarmi.

L'intenzione del dottor Simoni di stoppare il mio iperbolico ipertiroidismo poteva pure essere buona, ma lo stato nel quale ero precipitata grazie alla spaventosa quantità di medicine che mi aveva dato era abissale. Ero passata da un eccesso all'altro nel giro di due mesi. Ovvio che stessi sbroccando. Ovvio ma non confortante. Tanto più che Simoni era irreperibile. Era partito. Forse stava ancora in Cile a spappolare le tiroidi dei cileni.

Quando l'ipotiroidismo è eccessivo, oltre ad avere un'apatia planetaria, il paziente si ritrova a fare i conti col cosiddetto mixedema, il rigonfiamento di tessuti cutanei per accumulo di acqua e altre sostanze. Questo accumulo non riguarda solo la cute, ma anche gli organi interni che diventano sempre meno efficienti. Ecco cosa dicono gli studi medici: *"Il mixedema può creare cambiamenti di personalità con forte tendenza all'inazione e con lentezza mentale (bradipsichismo) e possono comparire veri e gravi disturbi psicotici"*.

E pensare che fino a poco tempo prima mangiavo come un lupo, scopavo come un riccio e correvo come una lepre. Un po' bestiale, mi rendo conto, ma che pacchia!

Da quel merdoso pomeriggio in poi la mia vita si è trasformata in una faticosissima e dolorosissima lotta per la sopravvivenza. E siccome al depresso non frega niente se vive o muore, lottare per una sopravvivenza che manco m'interessava aveva del surreale.

Continuavo a prendere le medicine prescritte da Simoni che mi sgretolavano sempre di più, ma ero terrorizzata all'idea di interrompere la cura di mia iniziativa. E se fossi tornata ipertiroidea tutto d'un botto, con relativi problemi di cuore e compagnia bella? Era meglio crepare d'inedia o d'infarto? Ogni giorno avvelenavo il mio corpo con dosi massicce di pastiglie che avrei dovuto sospendere immediatamente, ma non lo sapevo.

Dopo alcuni giorni di naufragio mentale e psicologico, Giordana ha deciso per me: bisognava trovare immediatamente un altro medico. Mica facile. E se poi ne trovi uno peggiore di quello che hai già?

Dopo un giro di telefonate ci è stato consigliato il dottor Tognetti.

Quindi, un pomeriggio freddo, piovoso e schifoso di ottobre, io e Gio ci siamo ritrovate nello studio del luminare Tognetti.

Un killer vanesio. Ora vi spiego perché.

3

Quando andate da un medico controllate bene che sulla porta ci sia una targa che dice: *Dott. Tal dei Tali* e poi, sotto, ci sia ben indicata la specializzazione.

So che può sembrare un consiglio scemo, ma non lo è.

Un'amica mi aveva consigliato Tognetti, che a sua volta le era stato raccomandato da qualcuno che l'aveva saputo da un amico. Una rischiosissima catena di Sant'Antonio sanitaria. Tu chiedi a una persona se conosce un endocrinologo e questa lo chiede a dieci conoscenti che, a loro volta, lo chiedono ad altrettanti parenti e amici. Così ti arrivano una trentina di endocrinologi e non sai che fare, esattamente come quando non ne avevi nessuno.

Considerato che fino a poco prima non sapevo nemmeno che gli endocrinologi esistessero e, soprattutto, di che parte del corpo si occupassero, la confusione era tanta.

Come ho già detto, la medicina per me era un argomento sconosciuto non meno del piccolo punto o della fisica quantistica.

Ma adesso navigavo nella merda mista al panico e, improvvisamente, i medici erano diventati il mio punto di riferimento vitale. Quindi, avevo preso l'appuntamento con Tognetti con un barlume (ma proprio un barlume) di baldanza, perché ero convinta che, una volta nelle mani di uno specialista, la via della guarigione sarebbe stata liscia come una pista di bob.

Io e Gio siamo arrivate al suo studio nel pomeriggio.

Pioveva, faceva freddo ed eravamo in Vespa. Fradice. Fantastico.

Io sgocciolavo, non solo per la pioggia, ma perché piangevo come una fontana. Ormai Giordana, che era abituata a vedermi in quello stato, mi trattava con assoluta normalità, perciò mi parlava del più e del meno, mi raccontava aneddoti, chiedeva pareri su questo e su quello. E non certo perché sottovalutasse il mio dolore, ma perché se non avesse adottato questa tecnica, l'unica alternativa sarebbe stata mettermi in una bara, chiudermici dentro, accendere una decina di lumini rossi con la foto di Padre Pio e mollarmi in una camera ardente non senza essersi accertata di averla chiusa a doppia mandata.

Solo questo suggeriva il mio umore.

Credo che per lei sia stato molto difficile e doloroso vedermi disperata ventiquattr'ore su ventiquattro, ma teneva duro e, pur non facendomi mai mancare un gesto affettuoso e di comprensione, tirava dritto con la vita normale e obbligava me a farlo.

Comunque, ora eravamo fuori dallo studio di Tognetti: le cose stavano per cambiare!

Era il 4 ottobre 2002.

Abbiamo suonato il campanello e ci ha aperto una segretaria distinta e discreta. Ottimo inizio. Lo studio era figo, ricco, rassicurante. Bei mobili antichi, tende color panna, parquet giustamente *usurato,* né troppo né troppo poco, tappeti persiani buttati là con nonchalance. È una stortura mentale e culturale, ma se entriamo in uno studio medico bello e dignitoso ci sentiamo già un po' meglio.

A posteriori posso affermare che molti medici sarebbero più bravi come arredatori che come custodi della nostra salute, ma del senno di poi son piene le fosse, si sa.

Dalla bella porta di legno dietro alla quale con ogni probabilità stava il luminare seduto a una scrivania piena di libri e scartoffie scientifiche, è uscito un dottorino giovane che sfoggiava un bel sorriso. Avevo un tale bisogno di positività che l'avrei baciato in bocca.

Dopo un rapido scambio di strette di mano ci ha condotte in uno stanzino annunciando che mi avrebbe fatto un elettrocardiogramma.

Allarme: perché? Giordana, che è sempre sospettosa come una faina, ha chiesto lumi e lui, serafico e operativo, ha risposto che era un ordine di Tognetti.

Ubi maior.

Mi sono sdraiata e mi sono fatta applicare gli elettrodi. Carini, colorati.

Gio, serissima col dottorino, mi faceva sorrisi rassicuranti.

Io, inutile dirlo, piangevo.

Il giovane medico, cortesemente impassibile, registrava il tracciato.

Ancora oggi non ho capito a che cazzo servisse quell'elettrocardiogramma, ma a un certo punto ho smesso di chiedermelo.

Finita l'operazione mi sono rivestita e io e Gio siamo state convogliate in una sala d'attesa mentre il dottorino spariva col mio tracciato fresco di stampa.

Intanto che aspettavamo e io, ovviamente, piangevo, Giordana sfogliava delle riviste mediche. Noiosissime.

Dopo pochi minuti, la segretaria distinta e discreta si è palesata per annunciarci che il dottore ci aspettava.

Ci siamo alzate dalle seggiole Luigi XV e siamo state introdotte nello studio di Tognetti che, cordiale e ridanciano, ci ha accolte con un'aria assai affabile.

Quel sorriso mi ha fatto sentire quasi guarita e ho capito che sarei uscita da quello studio con una vita nuova piena di felicità e di spensieratezza.

Io e Giordana ci siamo sedute di fronte a Tognetti, la scrivania piena di libri e scartoffie scientifiche (!) ci divideva.

Io cincischiavo un fazzoletto pieno di moccio col quale

mi scaccolavo continuamente il naso. Tognetti ostentava buon umore. Gio sorrideva e spiegava la mia situazione.

Lui ascoltava con un atteggiamento che, anche la persona più malfidata avrebbe giudicato di sincero interesse.

Quando Giordana ha finito di illustrare i miei guai, Tognetti si è concentrato sull'elettrocardiogramma.

Due minuti di silenzio, poi il verdetto: il cuore è a posto.

Bella scoperta, ero lì per la tiroide, mica per il cuore; i betabloccanti che mi aveva dato Simoni erano storia passata ormai.

Ma entrambe, fiduciose, abbiamo pensato la stessa cosa, cioè: "Bravo Tognetti, sei scrupoloso e hai voluto accertarti che questa disgraziata non stia per schioppare!".

Allora ho attaccato la mia litania del dolore.

«Dottore, non capisco che cos'ho, sto male» e giù a far vedere le ricette di Simoni. «Sono triste, sono disperata, mi sembra che la mia vita sia finita, anzi, magari lo fosse perché sarebbe meglio» e giù ancora a snocciolare per filo e per segno una storia senza capo né coda nella quale racconto che dimagrisco, ingrasso, crollo psicologicamente, piango tutto il giorno, non riconosco le mie gambe e il mio medico curante scappa in Cile.

Tognetti mi guardava attento, Giordana traduceva ciò che dicevo cercando di dare una forma logica al mio racconto emotivo e spaventato.

Sì, spaventato è il termine esatto, perché è in occasione di questa malattia che ho conosciuto la paura. La paura di non essere creduta e la paura dell'irrazionalità della mente. Josef K. non stava peggio di me, ne sono quasi sicura.

Quando la mente ti tradisce e se ne va a fare un giretto agli inferi, non puoi non seguirla, perciò, se lei sta in una valle di lacrime ci devi stare anche tu.

Insomma, mi ero ritrovata improvvisamente doppia, facevo i conti con una me stessa che non ero io e che si era mangiata in poco tempo la me stessa che conoscevo. L'estranea che ero diventata aveva la mia faccia ma non mi assomigliava per niente.

Certo, far digerire tutto 'sto malloppo a Tognetti non era cosa da poco, ma il medico era lui, io ero *solo* il paziente.

E lui, dopo avere escluso categoricamente che un problema alla tiroide potesse aver anche solo lontanamente causato una depressione o il minimo scompenso psicologico, mi ha domandato: «Cosa sta girando?».

"Prego?" ho pensato.

In effetti, in quel momento non me ne fregava un accidente di parlare del mio lavoro, avrei solo voluto aggrapparmi al collo di Tognetti supplicandolo di guarirmi seduta stante, ma per mera educazione gli ho detto cosa stavo girando e con quali attori. Notavo una certa inquietudine, una specie d'impazienza da parte sua e ho pensato di tagliare corto per tornare all'argomento principale: la mia salute.

«Non riesco più a trovare un equilibrio. Sono preoccupata perché il mio medico è sparito e io non so che cura devo fare, forse devo cambiare medicine, forse devo fare altre analisi, ma non vorrei che...» ed è stato qui che lui mi ha interrotto.

«Lo sa che io ho scritto un testo teatrale?»

Uno, due, tre secondi di silenzio. Sguardo fra me e Gio.

«Ah sì?» ho chiesto.

«Ah» ha aggiunto lei. Eravamo attonite. Che ce ne fregava che lui avesse scritto un testo teatrale?

Il nostro scarso entusiasmo per la notizia non l'ha affatto scoraggiato, anzi, è partito in quarta a raccontarci la genesi di quel benedetto testo che, diceva gongolante, era stato messo in scena dall'attore tal dei tali. Uno famoso.

Poi ha cominciato a descriverlo scena per scena.

Ricordo che ci ha fatto una pippa bestiale su certi giocattoli meccanici che secondo le intenzioni dell'autore (lui) avrebbero dovuto simboleggiare l'innocenza, la spensieratezza e la felicità. "Ma li mortacci tua" pensavo io "ma proprio a me devi venire a parlare di felicità? Non lo vedi che sto piangendo senza un motivo da quando mi sono seduta su questa seggiola? Anzi, da alcuni mesi?" Più Tognetti blaterava, più Giordana s'incupiva. Più io mi sentivo sola. E inutile.

Dopo i giocattoli meccanici ci siamo dovute sorbire la parte con l'angelo della morte, e lì mi sono sentita già più a mio agio. Tutto ciò che sfiorava argomenti funerari mi trovava decisamente in sintonia. Certo, riguardo al mio problema di tiroide non stavamo facendo grandi progressi, anzi, si può proprio dire che di salute non si parlasse affatto, ma che ci potevo fare?

Poi ci ha descritto le luci, le scenografie e i costumi. Lui parlava e io guardavo il muro, la scrivania, il soffitto, il mio fazzoletto da strizzare, il lettino sul quale mi sarei, forse, dovuta sdraiare.

Quanto era soddisfatto di quel testo e che bello spettacolo ne era uscito!

«Lo sa? L'abbiamo rappresentato davanti a più di mille persone in una vecchia fabbrica! È stato un evento straordinario!»

Maledetto. Io invocavo un incidente mortale che mi liberasse dal male e lui scutrettolava vanitoso come una ballerina di fila.

«E se sapesse che critiche! Beh, io sono un dilettante, il mio lavoro è un altro, ma questa esperienza mi ha dato veramente tante soddisfazioni!»

E bravo Tognetti. Stavo per riportarlo sul noiosissimo ma pur necessario argomento tiroide, quando ha riattaccato.

«Comunque anch'io avrei potuto fare l'attore. Da ragazzo ho fatto qualcosa, ma sa, poi le responsabilità, le aspettative di mio padre... anche se sono sicuro che avevo dei numeri, ah, sì, altroché!» Io e Gio tacevamo, lui ha ripreso.

«Che poi il teatro è veramente la forma di spettacolo più nobile che c'è. Vuole mettere un bel film con un bello spettacolo teatrale? E poi si sa che l'attore di teatro ha una preparazione che questi attori di oggi, pfui, se la sognano! Fanno un film e si credono chissà chi.»

Le stronzate di Tognetti erano inarrestabili.

«Comunque lei ha fatto bene a fare quel film con Verdone. Verdone è bravo, un po' semplice, ma bravo.»

«Grazie. Ma secondo lei le medicine che sto prendendo...»

«Ah, beh, quelle sono sbagliate. Deve interrompere immediatamente tutto e prendere solo l'Eutirox 75.»

«Ah.»

«Comunque, io in realtà non sono endocrinologo, sono nefrologo.»

«Nefrologo?»

«Sì, nefrologo. Oddio, ho fatto degli studi di endocrinologia all'università quando ero ragazzo. Ma la mia specialità è un'altra. Comunque lei prenda l'Eutirox e vedrà che tutto andrà a posto.»

Non capivo. Mi era stato detto che Tognetti era un ottimo endocrinologo. Lui stesso mi stava dando delle medicine per la tiroide nel momento preciso in cui mi rivelava di non essere il dottore giusto. L'atmosfera kafkiana s'infittiva.

Ciliegina sulla torta, sulla sua carta intestata c'era scritto *Ipertensiologo*.

Da chi cazzo ero venuta a farmi curare? Da un endocrinologo? Da un nefrologo? Da un ipertensiologo? Da un autore teatrale dilettante?

Mentre io e Giordana ci guardavamo incredule lui si è alzato e ci ha accompagnate alla porta con un bel sorriso.

Credo che quella sia stata la prima e l'ultima volta da quando la conosco in cui Gio non ha spiccicato parola. Ve lo giuro, è la persona più dialettica del mondo, ma Tognetti l'aveva ammutolita.

Io, ovviamente, piangevo.

«Bene, la saluto signora Pivetti e mi raccomando: torni presto a farci ridere!»

Con questa gioviale stronzata aveva concluso il nostro inutile incontro, beccandosi trecento euro sull'unghia. In sintesi: non sapevo se la cura che stavo facendo fosse giusta o no, mi aveva rifilato una medicina in aggiunta a quelle che già prendevo, non aveva risposto a nessuna delle mie domande, ci aveva ammorbato col suo testo teatrale e non era manco un endocrinologo.

Per questo vi ho raccomandato di controllare sempre

cosa c'è scritto sulla targa che brilla sulla porta del medico da cui state andando.

Fate tesoro: le specializzazioni sono importanti.

Congedate da Tognetti, io e Gio abbiamo attraversato la sala d'aspetto coi tappeti persiani, il parquet e tutto il resto mentre la segretaria ci faceva uno stitico sorriso di commiato.

Siamo uscite e ci siamo ritrovate sotto la pioggia. Ottobre infame.

Giordana ha tirato fuori dal portabagagli della Vespa uno straccio sporco e ha asciugato il sellino.

«Stai tranquilla, questo stronzo lo cancelliamo, domani ci mettiamo a cercare un endocrinologo.»

«Un endocrinologo vero?» ho chiesto io.

«Un endocrinologo vero» mi ha risposto Gio.

Poi è montata sul sellino. Io l'ho imitata, lei ha messo in moto ed è partita.

Io, piangevo.

La visita da Tognetti (che avevo scoperto in seguito essere noto come *medico dei vip*, e già questo sarebbe stato sufficiente per non andarci manco mazzata) mi stava facendo riflettere su una cosa. Sulle prime non capivo perché avesse fatto tanto casino col suo testo teatrale, poi mi è stato chiaro.

In occasione di questa dannata malattia, ho avuto modo di incontrare un sacco di medici che, non si sa perché, ci tenevano moltissimo ad affermare la loro autorità. Come se il sottotesto di ogni incontro fra me e loro fosse: *Guarda che non mi impressioni, tu sarai pure famosa, ma anch'io non sono mica male!*

In fondo, la mia *carriera* di paziente era appena cominciata e, considerato che io penso che ciascuno nella vita debba fare quello che sa fare, ero assolutamente d'accordo col fatto che, fra me e loro, quelli che ci capivano di medicina fossero loro. Ciononostante, per tutto il periodo della mia malattia, spesso e volentieri ho dovuto fare i conti con un'assurda competitività, come se in gara ci fossero le nostre rispettive professionalità.

Ho spesso sentito una sorta di ansia da prestazione con la quale illustri luminari hanno cercato di impressionarmi, minimizzando il mio problema di salute per affermare una sorta di supremazia.

Scherzetti che combina l'insicurezza, penso io.

E se credete che l'esimio luminare non soffra d'insicurezza siete fuori strada. E quanto più ne soffrono tanto più sono tromboni. Perciò, ogni volta che vi trovate di fronte a un medico trombone ricordate quello che vi dico: non è cattivo, ha solo paura.

Due ore dopo la fallimentare visita da Tognetti, stavo con Giordana al parco dei cani a far fare pipì ad Harpo. Gio era con Breth, la sua splendida lupa.

Io ero nei guai.

Ero terrorizzata e sempre più convinta che non sarei mai guarita.

Perché se c'è una cosa certa della depressione è che non passerà mai, o almeno, questo è quello che ti fa credere.

La mia devastante tristezza aumentava e io sapevo che questa invivibile sensazione sarebbe stata la norma, d'ora in poi.

Giordana mi ha giurato che non era così e che col tempo sarei tornata a essere la persona felice e positiva che ero stata fino a poco prima.

Su questo si sbagliava: ora lo sono molto di più.

4

Sul set le cose andavano benissimo. Per gli altri, non per me.

Finché stavo chiusa nel mio camper ero libera di disperarmi in santa pace, appena mi chiamavano a girare asciugavo occhi e naso e, falsa come l'ottone, indossavo la mia arietta felice.

La capacità di fingere e mentire che ho sviluppato in quel periodo avrebbe fatto invidia a Mata Hari. O a Pinocchio.

Sono sempre stata considerata una persona piuttosto divertente, spiritosa, non potevo certo presentarmi tutto d'un botto lugubre come Mamma Ebe. Quindi *recitavo* e, mentre il dolore esistenziale non mi abbandonava un istante, per necessità riuscivo a essere ridanciana e faceta.

Per necessità e per lavoro.

Anche nel momento più bieco e buio della mia malattia non ho mai perso un colpo, perché, stranamente, il chip dell'umorismo era sempre inserito. E ciò mi causava un dolore profondo alla bocca dello stomaco, perché questo profluvio di effervescenza era una sorta di addio replicato all'infinito alla me stessa di un tempo.

Mi faceva toccare con mano quanto una risata fosse un fatto tecnicamente possibile ma *spiritualmente* inconcepibile e totalmente infondato. La sensazione di schizofrenia che provavo in quelle occasioni era totale: ridevo, facevo ridere gli altri ed ero distrutta. Ogni battuta rosicchiava la mia personalità dolorosamente sdoppiata e ogni volta temevo la fine di quel momento d'ilarità perché di lì a pochi secondi sarei ripiombata nella caverna dell'orco.

Sì, paradossalmente, ogni volta che mi intrattenevo con qualcuno a cazzeggiare, soffrivo. Come se stessi vedendo una nave salpare per una meta fantastica mentre io rimanevo lì, sola, su un molo desolato e deserto sotto a un sole che seccava me e ciò che mi circondava.

Ma lavorare dovevo, anzi, meno male che il lavoro c'era!

La mattina presto, dopo che la mia adorata truccatrice, Sabrina, mi aveva sapientemente truccato, io cominciavo a piangere.

E non è bello piangere con le ciglia finte, perché cascano.

Sabrina faceva il miracolo di rendermi presentabile e io distruggevo il suo lavoro frignando come un neonato con le coliche gassose.

Vanificavo ventine di minuti spese a stendere il fondotinta, impantanavo strati e strati di ombretto sui miei poveri occhi arrossati, torturavo le mie narici gonfie soffiandomi il naso in continuazione.

Alla fine ero un mascherone e il lavoro andava fatto da capo.

E Sabrina, eroica, ricominciava.

Ciononostante, è con una punta di orgoglio che posso affermare di non aver mai fatto nemmeno un minuto di ritardo sul set. Ero talmente rodata che calcolavo il tempo del trucco, del pianto e del ritrucco. Una vera ragioniera della sofferenza, efficiente e ben organizzata. Non scordiamocelo: una milanese. Disperata, è vero, ma milanese!

Ricordo distintamente un giorno in cui dovevamo girare la scena finale della serie nella quale io e il protagonista ci baciavamo. Un'inquadratura che prevedeva, ovviamente, noi due innamorati e avvinghiati. Un incubo. Avrei preferito leccare l'asfalto palmo a palmo. Era previsto il solito totale, un piano americano e l'immancabile primo piano.

Tra un ciak e l'altro mi defilavo con eleganza, mi nascondevo dietro una colonna e piangevo.

Era più forte di me, non potevo trattenermi, appena il regista gridava «Stooop!» gli occhi mi si riempivano di lacrime. Sapevo che dopo lo stop avevo uno o due minuti di interregno nei quali il dolore, che tenevo a bada con una fatica disumana, mi avrebbe sopraffatto. E così accadeva.

Se il mio partner mi avesse beccato in quei momenti ci sarebbe rimasto molto male: baciarlo e piangere in quel modo! Invece, pur non provando per lui la benché minima attrazione, lo consideravo un eccellente attore, un ottimo collega di lavoro e una bravissima persona. Ma che orrore baciare un estraneo in piena depressione!

Mentre piangevo a dirotto dietro la colonna, Sabrina si piazzava al mio fianco, faceva scudo col suo corpo e, mentre mi guardava coi suoi (bellissimi) occhi neri, aspettava che l'onda dolorosa si placasse.

Poi mi passava rapida rapida un fazzolettino struccante umido e, mentre io pulivo le sbordature di mascara sopra e sotto gli occhi, lei si attrezzava con la colla a presa rapida per le ciglia finte: una piccola goccia sul dorso della mano e, con un rapidissimo lavoro di pinzette, mi riposizionava i ciuffetti di ciglia appena intinti nella colla laddove si erano staccati. Cioè su tutto l'occhio.

Eravamo diventate velocissime in questa attività di truccaggio volante.

Anzi, se qualche attrice depressa mi sta leggendo, mi sento assolutamente di consigliarle la mia truccatrice: con Sabrina puoi piangere e disperarti e, in pochi minuti, torni come nuova.

Naturalmente dovevo anche bloccare il moccio che colava dal naso, perciò mi ficcavo nelle narici due grosse pallottole di carta strappate da un fazzolettino e voilà, non sgocciolavo più.

Probabilmente lo spettacolo che offrivo era grottesco, ma, giuro, stavo proprio male.

Quando il pit-stop finiva, sorridente e infelice sbucavo da dietro la colonna e ricominciavo a baciare quel poveretto.

Il mio è un mestiere bellissimo, ma alle volte mi chiede

di fare cose molto lontane da ciò che vorrei. Le scene più o meno amorose sono sempre faticosissime perché prevedono un gesto intimo con una persona della quale, il più delle volte, non ti frega niente. Se poi, come può capitare, magari ti sta pure sui coglioni, sei sistemato. In ogni caso, anche se il partner fosse il soggetto migliore del mondo, probabilmente non sprecheresti nemmeno un secondo a sbaciucchiarlo a favore di macchina. Togli *l'amore* a un bacio e cosa resta? Un gesto innaturale e umidiccio. Bleah.

Ma tutto passa e anche la scena del bacio a un certo punto è finalmente finita. Con l'anima piena di magone mi sono trascinata fino al camper, ma con il corpo ho marciato spedita elargendo sorrisi qua e là.

Bugie su bugie.

Mi sono attaccata al telefono e ho chiamato Giordana per piangerle un po' nelle orecchie. Lei mi ha ascoltato come sempre e poi ha lanciato la bomba: che ne dicevo di provare ad affrontare un po' di psicoterapia?

Boooom! Psicoterapia? Perché? Cos'è? Com'è? Ma chi, io?

Ero totalmente digiuna di tutto ciò che riguardava la psiche, era qualcosa che conoscevo come gli algoritmi nell'algebra computazionale o l'alpinismo, cioè, per niente. Anzi, a pensarci bene, forse me la sarei cavata meglio se avessi affrontato con chiodi e piccone la parete nord del Lyskamm Orientale, piuttosto che se mi fossi trovata a fare i conti col mio io nascosto e profondo.

Insomma, fino a quel momento avrei potuto giurare di essere totalmente sprovvista di una psiche tutta mia, tanto ero ignorante in materia.

Giordana invece masticava l'argomento come al cinema si masticano i popcorn: con estrema facilità.

Decisi che avrei affrontato la psicoterapia.

Tanto, peggio di così non poteva andare! Oddio, forse questo non era il modo migliore per imbarcarsi in un'esperienza impegnativa come l'analisi, ma tant'è, l'importante era fare il salto e io avevo deciso di farlo.

E l'ho fatto.

Sono stata vari anni in analisi, ho fatto incontri buoni e meno buoni, ho sentito dire parole importanti e svariate cazzate, ma adesso che il tempo è passato e che il dolore se n'è andato, vi dico dal più profondo del cuore che sono felice. E so quel che dico quando affermo che metterei l'analisi come materia obbligatoria dalla prima elementare in tutte le scuole, perché penso che se fin da piccoli avessimo gli strumenti per essere critici nei confronti della nostra vita, sapremmo costruirci un futuro più consapevole e meno pieno di errori. Quindi di dolore. E se crescessimo con la capacità di mettere in discussione tutto ciò che ci circonda e chi abbiamo vicino, sapremmo costruire per noi stessi la vita che veramente vogliamo e non quella che il mondo prefabbrica per noi.

Direi tutto ciò anche davanti a un plotone d'esecuzione perché ci credo.

"Conoscere per deliberare" diceva Einaudi e aveva ragione.

Questo mondo ci intorta fin da piccoli con troppe regole, spesso idiote. Ci inquadra per zittirci, per farci stare buoni. E ci fa crescere per essere soggetti che consumano e basta. Così, magari mandiamo avanti l'economia, ma non la nostra vita, che rimane al palo.

E l'*homo* non è più tanto *sapiens*.

L'analisi mi ha reso molto più critica. Con me stessa e con gli altri.

Anche, anzi soprattutto, con quelli che amo, insegnandomi così ad amarli meglio.

Mi ha aiutato a sapere di me tante cose che ignoravo e ora posso tranquillamente sfoggiare tre o quattro Veroniche che non sapevo di essere. Questo mi rende più forte, più consapevole e più felice.

Meno felice e decisamente più delicata era invece la mia situazione igienica.

Come ho già detto, non mi lavavo. Non mi andava. Ero

grigiastra dentro e fuori. Ricordo che ho indossato lo stesso golf grigio per moltissimi mesi, in casa e fuori. Era un golf di Giordana, me l'aveva prestato il primo giorno in cui ero stata veramente male, il giorno in cui posso orgogliosamente datare l'inizio della mia depressione: il famoso giorno delle gambe non mie.

Mi aveva dato quel suo golf grigio col cappuccio perché avevo freddo, e mal gliene incolse, perché gliel'ho restituito anni dopo.

Lo mettevo tutti i giorni e mi ci sono affezionata come a un cucciolo.

Non volevo indossare altro, perciò quel poveretto ha cominciato ben presto a fare i pallini e a chiedere di essere sostituito chessò, da una felpa, da una vecchia giacca, da un cardigan della Caritas, ma pregava che lo lasciassi un po' in pace. Invece sono stata spietata con lui, non l'ho mollato mai. E guai se Giordana avesse provato a mandarlo in tintoria!

Con quel golf ho vissuto, mi ci coricavo la sera e mi ci svegliavo la mattina, come con un amante.

Mi aggiravo per casa con un informe paio di pantaloni di pile che mi facevano il culo al polpaccio, una maglietta a caso e il golf grigio col cappuccio.

Mi aggrappavo a quel golf con tutta la paura che avevo e già mi ci vedevo ben composta in una bara di legno scuro, seppellita e finalmente in pace, almeno un metro sottoterra.

Insomma, l'aspetto igienico della faccenda era assai delicato e controverso. Posso solo ringraziare che non fosse agosto, che non ci fossero trentaquattro gradi e che non ci fosse il rischio di sudare, sennò il problema sarebbe stato ben più grave. Per tutti.

Non so perché l'igiene fosse diventata un tale tabù, ma il rifiuto che avevo a lavarmi collo e ascelle mi riportava ai dorati anni della primissima adolescenza quando, piuttosto che darmi una sciacquata, preferivo aprire il rubinetto e mettere a intermittenza una spugna sotto il getto dell'acqua così che mia madre, che controllava fuori dalla porta del bagno, mi credesse nel pieno delle mie abluzioni. E, così come allora mi rifiutavo di rendere le mie ascelle una zona igienicamente sostenibile, anche adesso lasciavo che diventassero terreno fertile per muschi e licheni. Non me ne fregava niente che fosse sconveniente, sbagliato, schifoso: non mi volevo lavare e non mi lavavo.

Poi, però, c'erano i giorni in cui lavoravo ed ero costretta a farlo.

Perciò, armata di pazienza e di sapone, sfregavo tutte le zone rancide e, con un senso di sconfitta, andavo sul set.

Toccare il mio corpo sotto la doccia era sgradevole. Mi disgustava la mia faccia allo specchio, odiavo gambe e braccia. Non amando nulla di me non era piacevole toccare ciò di cui ero fatta. Non riconoscevo come miei quel collo, quelle orecchie, quelle ascelle, quei piedi, quelle ginocchia.

Il piacere che provo ora quando mi do una bella lavata dipende anche dall'amore che ho per me, toccare il mio corpo, prendermene cura, è un gesto di affetto intimo molto rasserenante.

Allora il mio corpo era un estraneo, non c'era nessuna ragione perché me ne occupassi, men che meno perché decidessi di entrare in intimità con lui.

Ma so che su questo capitolo aleggia uno spettro, ed è giunto il momento di affrontarlo per fugare i sospetti peggiori che sento svolazzare intorno a me come pipistrelli nelle notti estive.

È vero che mi lavavo malvolentieri, ma spezzerò una lancia in favore dei denti e del bidet. Quelli li facevo, regolarmente.

Si può sorvolare su un collo un po' opaco, su delle orecchie farcite, su delle ascelle che non vedono quasi mai la luce del sole, ma non si può sorvolare su un sedere che sa di chiuso o su una bocca a vespasiano.

Per quanto l'acqua sia stata la mia grande nemica, non ho mai rinunciato a un sorriso (seppur teorico in quel periodo) bianco e pulito. Lo stesso vale per il culo: è sempre stato lindo e ben areato, con il cambio della biancheria preciso e puntuale come il cambio della guardia a Buckingham Palace, solo un po' meno pomposo.

Il resto, però, mostrava la corda.

Ed era abbastanza incredibile per me stare a mollo in tanta sciatteria, perché rinnegavo un aspetto significativo della mia persona: la vanità.

Non è caratteristica di cui esser particolarmente fieri, ne convengo, ma fino a quel momento ero stata una bambina, poi un'adolescente, poi una ragazza, poi una giovane donna vanitosa.

Davo molta importanza al mio aspetto fisico, lo amavo. Asciutto, alto, braccia e gambe lunghe, non così ovvio per la mia generazione.

Classe 1965; all'epoca le bambine erano mediamente piuttosto basse e i maschi non guadagnavano centimetri prima dei quattordici, quindici anni. Infatti ero sempre la più alta della classe. Quando ho fatto danza classica (tre anni di passione furiosa e assoluta per qualcosa che è rimasto solo un sogno) svettavo in mezzo alle altre ragazzine e quando è giunto il momento di andare *sulle punte*, le mie scarpette col gesso erano due canoe. In quarta elementare avevo il 36 di piede e me ne vergognavo come una bestia, ma quando salivo sulle punte e levavo le braccia verso l'alto potevo sputare in testa a tutte quelle nanerottole delle mie colleghe. Magra consolazione, perché fra la magrezza e le sproporzioni dell'età sembravo un cavatappi, però non lo sapevo e mi andavo bene così. Come si dice, *altezza mezza bellezza*, o sbaglio?

Seppur magra e un po' cavallina, mi piacevo. Avrei voluto avere la faccia di Charlotte Rampling o di Anouk Aimée, mentre invece mia madre trovava in me una sinistra somiglianza con Mick Jagger (giuro, è stata capace di dirmelo), ma nemmeno questo ha scalfito il mio amor proprio. Mi piacevo e questa incrollabile fede nella mia presentabilità mi ha accompagnato tutta la vita.

Alt. Tutta la vita *prima*.

Durante la depressione, come ho detto e ripetuto, sono stata un gran cesso, perché mi sa che è proprio vero che lo spirito crea il corpo, e se lo spirito è asfittico, il corpo non può sfavillare. Nemmeno la bacchetta magica di Photoshop avrebbe potuto correggere ciò che non funzionava perché ero brutta dentro, e il *fuori* ne pagava le conseguenze.

Oltretutto, i miei ormoni erano sul *Titanic* da un bel pezzo, e se quelli stanno sottosopra difficilmente il tuo aspetto è armonioso e la pelle del tuo viso è raggiante, com'era, per esempio, capitato a Mosè nel libro dell'Esodo mentre si faceva dettare i dieci Comandamenti.

Gli ormoni a yo-yo mi avevano sballato regalandomi parecchi chili di troppo (alcuni etti stavano sulle guance), i capelli erano eccessivamente corti e il mio sguardo era vuoto di ogni felicità. Come potevo essere bella? O anche solo gradevole?

E poi, c'è nella depressione una drammatica conferma di sé nel vedersi brutti e sciatti. Il tuo aspetto ti certifica che è giusto che tu stia così. È giusto e definitivo.

Avevo preso in odio gli specchi dai quali facevo fatica a scappare perché erano sparsi un po' ovunque, essendo la casa di un'*ex* vanitosa.

Che cavolo di condanna, obbligata a vedersi a destra e a manca detestando la propria immagine; Oscar Wilde sarebbe stato orgoglioso di me.

Comunque era questione di tempo: sarei andata in analisi e allora sì che in quattro e quattr'otto i miei umori allo sbando si sarebbero rimessi in carreggiata! Era questo che pensavo con un residuo di ottimismo che avevo tirato fuori non so da quale anfratto.

Naturalmente non è andata così.

Quando Deike Gerlach, un'anziana signora tedesca e albina, mi ha ricevuto nel suo studio guardandomi negli occhi con un vago ricordo di Gestapo nelle iridi azzurrine, ho capito che stavo aprendo l'ennesimo capitolo tormentoso della mia vita.

E non mi sbagliavo.

5

«Perché è qui?»

Mi è bastata questa domanda per cominciare a piangere a dirotto. Deike mi guardava impassibile, io avrei voluto spiegarle la rava e la fava ma non sono riuscita a fare altro che piangere, piangere, piangere. Bell'inizio. Avevo investito moltissimo in questo incontro, mi ero persino lavata. Con una cura un po' infantile mi ero vestita *bene*, come quando a sette, otto anni andavo a trovare mia nonna e mettevo la *vestina buona*. Per Deike mi ero anche truccata, incredibile.

Ed ero tragicamente ottimista, perché speravo che l'anziana biondina avrebbe fatto la magia di guarirmi.

Alta, piuttosto *agée*, minigonnata, naso rifatto, sguardo chiaro fra i platinati boccoli vaporosi, stava seduta di fronte a me come una nazista dal cuore buono. Io, anziché sentirmi la solita deficiente fallita e incapace, ero tutta contenta di potermi sfogare senza remore, conscia che quello era il posto migliore per dare il peggio di me ed essere, a pieno diritto, la solita deficiente fallita e incapace.

E quanto più avessi fatto la figura della poveretta allo sbando tanto più sarei stata pane per i denti di Deike. Denti che non ho mai visto, né quel giorno né in seguito perché non ha mai sorriso, almeno in mia presenza. Ma non era né sdentata né antipatica, anzi, mi piaceva con quella serietà planetaria e universale. Una Barbie centenaria e impassibile.

«Perché è qui?» mi ha chiesto nuovamente Deike.

Farfugliando e sgocciolando le ho spiegato a grandi linee quello che mi era successo, l'ipertiroidismo, l'ipotiroidismo, l'eccesso di medicine, i chili di troppo, i medici pazzi, il dolore sordo e continuo e la paura di soffrire tutta la vita. Purtroppo non potevo sfoggiare un'infanzia infelice o dei genitori crudeli che avrebbero sicuramente dato un habitat molto più nobile al mio accumulo di sfiga, ma dovevo arrangiarmi con la solita solfa del dottore fuggiasco che mi aveva imbottito di medicine e arrivederci e grazie. Quella era la mia storia: prendere o lasciare.

Deike ha preso e abbiamo cominciato a chiacchierare.

Mi ha ascoltato, ha piazzato alcune perle di saggezza qua e là e, quando le ho chiesto quanto mi sarebbe costato il trattamento completo, ha sparato il primo siluro.

«Decida lei.»

«Come?»

«Decida lei.»

«In che senso?»

«Decida lei quanto mi vuole dare.»

Oh bella, o quello era il Paese dei Balocchi o stavo per prenderlo in culo alla grande.

Ancora rimpiango di non aver avuto la presenza di spirito di dire "Dieci euro!" cosa che, ovviamente, la coscienza mi ha impedito di fare perché è naturale che un giochetto del genere ti mette all'angolo. Non puoi mica proporre una cifra da pidocchio sennò sei un pezzente che se ne approfitta, semmai spari alto per fare bella figura. In più non potevo far finta di essere un'indigente perché già da qualche anno la mia faccia funestava la prima serata di qualche milione di persone, ciò significava guadagni, denaro, benessere.

«Decida lei quanto mi vuole dare.»

«Niente. Ok?» Non si poteva, ahimè.

E non perché Deike non valesse niente, ma perché trovavo che metterla su questo piano fosse imbarazzante.

Quando vado dal panettiere e compro mezzo pane casareccio mi costa tot. Lui mi dice il prezzo, io apro il portafogli, pago, e il nostro rapporto scorre via liscio e cristallino. Perché Deike voleva mettermi nei guai senza darmi un'indicazione precisa? Quanto costava il *suo* pane casareccio? Dieci euro? Cinquanta? Mille?

Sobbollendo nell'imbarazzo ho incominciato a buttare lì cifre a vanvera di fronte alle quali i suoi occhi da processo di Norimberga non hanno lasciato trapelare nulla. Sparavo troppo alto, poi troppo basso. Lei muta. Nessun messaggio. Per un istante ho persino dubitato che fosse sveglia. La sua bocca era sigillata, i suoi boccoli immobili.

Sentendomi ad un'asta pubblica ho capito che avevo finalmente azzeccato la cifra quando, al mio "S-settanta?" ha lievemente increspato il labbro superiore, dimostrando: A) che non dormiva, B) che settanta andavano bene.

Con Deike ho avuto un rapporto curioso. Sapevo di non essere da Jung in persona, ma le devo riconoscere una serietà e un desiderio di aiutarmi assolutamente autentici.

Mentre cercava di restituirmi un po' di serenità, Deike mi infilava le dita dappertutto. Nel senso che mi *scioglieva i punti.*

Questa pratica, incredibile ma vero, funzionava.

Deike mi faceva sdraiare sul lettino e cominciava a premere con i suoi ditini magri e puntuti alcuni punti precisi del mio corpo ai quali corrispondevano delle sensazioni negative. Per capirci, se dietro al polpaccio c'era il cosiddetto *punto della paura* (non cercatelo adesso, perché non è lì, sto solo facendo un esempio!), con la pressione continua del suo dito questo punto lentamente si scioglieva dissipando la sensazione negativa alla quale era legato. Non ho mai capito se tutto ciò c'entrasse con la storia dei Chakra, ma siccome non gliel'ho mai chiesto e lei non me l'ha mai detto, quello che so è che lei *mi scioglieva i punti.*

Certo, per arrivare a sciogliere i punti bisognava conquistare un posto al sole sul suo lettino, cosa non facile.

Atona e ghiacciata, Deike mi ordinava di sdraiarmici mentre lei si alzava dalla scrivania e guadagnava il suo sgabello. La prima volta mi sono fatta fregare. Mi ci sono seduta (come avrei fatto con qualsiasi altro lettino o barella) per poi sollevare le gambe e stendermi. Ma dopo che quel trespolo infernale era scattato come una molla sollevandosi a tradimento sotto il mio culo impavido, mi ero paralizzata. A parte la figura di merda di cascare per terra, come nelle più vecchie comiche di Ben Turpin, la mia goffaggine strideva con la rigidità di Deike che, immobile, mi guardava. Chiunque, vedendo un paziente a gambe all'aria, si sarebbe fatto una risata, o avrebbe trattenuto a stento un mugolio, ma non lei. A Deike un paziente imbranato non scuciva nemmeno un mezzo sorriso. Anzi.

Quindi, seduta dopo seduta, ogni volta che Barbie mi invitava a piazzarmi sul lettino, io miglioravo e affinavo la tecnica per salirci. Ormai avevo capito che dovevo conquistarlo con l'astuzia: spiccavo un bel balzo da saltatore con l'asta, ma senza l'asta. Era questione di vita o di morte, perciò zompavo senza vergogna.

Deike si avvicinava lieve, si posizionava sul suo sgabello (che, per la cronaca, era perfettamente stabile, beata lei!) e mi infilava le dita qua e là.

Aveva delle unghiette malandrine che mi si piantavano nella carne come dei Rurp. Scioglieva il punto della paura, è vero, ma mi provocava una fitta sotto il plesso solare che arrivava dritta al cervello. Avevo un bel dirle che mi pareva di sentire le sue unghie; con una fermezza da Kommandant mi assicurava di averle tagliate la mattina stessa. Quindi sopportavo.

Però, in effetti, 'sti punti si scioglievano. E quando si scioglievano davano un po' di respiro alla nebbia nera che mi avvolgeva, perciò poco importava che dovessi guadagnarmi il lettino come a ruba bandiera e gli artigli di Deike mi riducessero come San Sebastiano, perché ne valeva la pena.

Ma mentre nella mia vita entravano Deike e lo scioglimento punti, il set continuava a occupare parecchie delle mie giornate. Mentendo sistematicamente come i chiromanti in TV, tiravo avanti e macinavo scene su scene dove mi era richiesto di fare la cosa più lontana da me in quel momento: la ragazzotta allegra e spensierata che risolve tutto con una battuta sagace e ha la testa vuota di pensieri.

In realtà, ovviamente, io mi aggiravo per la mia vita con la falce sulla spalla e un mantello nero fino ai piedi, ma li deponevo all'occorrenza e fingevo.

Come, per esempio, quel giorno che il regista (col quale, tra l'altro, avevo e ho sempre avuto un ottimo rapporto nel corso degli anni) mi ha detto con un bel sorriso, dopo che avevo messo a segno uno scambio di battute ben riuscite: «Certo che a te ti va l'acqua per l'orto!».

Non conoscevo quel modo di dire, non l'avevo mai sentito.

Si sono affrettati a spiegarmi che significava che tutto mi andava bene, che non avevo problemi, che la mia vita filava liscia. Secondo gli astanti a me andava l'acqua per l'orto.

Credo di non aver mai avuto tanta sete di sangue come in quel momento. L'acqua per l'orto? A me, che volevo morire ogni minuto della giornata?

E siccome è notorio che, se in questo ambiente dici che stai male quelli che ti stanno vicino si grattano i coglioni, tacevo.

Non si capisce perché, ma questa è la regola. Circolano leggende famose quanto i coccodrilli bianchi nelle fogne di New York che narrano di persone che, dopo aver confessato un proprio malanno, non hanno più lavorato, sono state dimenticate, esiliate, cancellate per sempre. Forse pure soppresse.

Personalmente me ne sarei anche sbattuta di tutto 'sto terrorismo, ma il punto era che, manco se avessi voluto avrei trovato qualcuno pronto ad ascoltarmi.

Lungi da me, ora, voler attaccare la pippa sull'ambiente dello spettacolo cinico e baro dove tutti sono egoisti e nessuno ama nessuno (vera per lo più, ma vecchia quindi poco interessante), ma è un dato di fatto che orecchie pronte ad ascoltare ce n'erano pochine. E a ben guardare questo è un problema che travalica i confini del *dorato mondo* e che si estende a macchia d'olio dappertutto.

Quanta gente conosciamo che non vede l'ora di assumersi i pesi altrui e stappa una bottiglia appena il prossimo suo si va a lagnare della propria vita? Poca. Forse nessuno.

Quindi perché gli attori dovrebbero essere diversi? Perché chiedere al tuo regista di fare per te quello che le persone che ti sono più vicine non sanno, non riescono o non vogliono fare?

Non parlavo con nessuno della mia depressione perché non avevo confidenza con nessuno, sennò l'avrei fatto, anche se capivo chiaramente che se avessi provato a buttar lì due parole sul mio malessere mi avrebbero lanciato dell'aglio e trafitto il cuore con un paletto di legno. Quindi evitavo.

Una volta, però, ho beccato un collega che, sciagurato, mi ha chiesto con un pizzico di umanità come stavo.

Aveva notato il mio smarrimento esistenziale, l'imprudente, e mal gliene incolse, perché gli ho fatto una purea di coglioni a furia di spiegargli tutti i sintomi della mia depressione, dalle origini a quel momento lì.

Lui, sempre più accartocciato, rispondeva a monosillabi, un paio di volte ha esalato qualche vocale e io, che avevo finalmente agganciato una parvenza di essere umano travestito da attore pronto ad ascoltare, ridondavo di dettagli, lamenti, suppliche.

Mentre mi disperavo il suo occhio si appallava irrimediabilmente.

Anche perché, è giusto dirlo, il depresso è un immenso rompicoglioni.

Il depresso è convinto che nessuno soffra quanto lui e il guaio è che ha ragione. Su mille depressi ci sono mille sofferenze diverse e uniche al mondo, mille dolori indicibili e mille solitudini che nessuno potrà alleviare.

E nessuna persona *comune* in grado di aiutarti.

Quindi, tornando all'analisi, se hai la fortuna di aver iniziato un percorso psicanalitico è opportuno che ti ci impegni e cerchi di dare fondo al tuo dolore quanto più puoi nel corso dei cinquanta minuti della visita, perché un pozzo senza fondo come il tuo psicanalista non lo troverai, nel mondo reale.

Lo studio dello psicanalista è un mondo a parte, è un catino nel quale possiamo riversare pensieri indicibili senza scandalizzare nessuno, è un lusso del quale conviene approfittare, se solo ne abbiamo la possibilità. E soprattutto, è un lusso che non dovrebbe essere un lusso.

Era molto importante per me sapere di avere un posto dove potevo dire tutto e, in linea di massima, Deike abbozzava. Qualche volta ho avuto la sensazione che certi particolari zozzi la facessero sobbalzare, ma quanto può sobbalzare un megalito di Stonehenge? Questo era Deike la tedesca: un megalito dal cuore di panna.

Una volta, però, mi ha fatto sobbalzare lei.

Ormai era inverno, fuori imperversava un freddo rigido e piovoso mentre nello studio di Deike c'era un bel calduccio.

Come al solito mi stavo lagnando. Stavo male, nessuno soffriva come me, «... se lei sapesse dottoressa che dolore qui in fondo al cuore», eccetera, eccetera, eccetera. Tutto vero e assai ripetitivo.

In più, non potrei giurarci ma avevo l'impressione di percepire dei lievissimi crolli della sua testa un po' a destra e un po' a sinistra, delle piccole botte di sonno che lei teneva abbastanza sotto controllo, ma senza riuscire a reprimere del tutto.

Invece (stesse dormendo oppure no non lo saprò mai) Deike si è svegliata di botto ed è entrata in battuta.

«Che cosa significa non c'è niente di bello nella mia vita?» mi ha domandato al volo per non perdere il ritmo della conversazione, anzi, del mio monologo.

«Che è tutto brutto. Tutto triste.»

«Perché non prova a pensare a qualcosa di bello?»

Aridànghete. Allora non mi sono spiegata... *qualcosa di bello*, fosse stato facile! Ma non volevo porre limiti alla provvidenza né a Deike, perciò mi sono detta *vediamo cosa suggerisce.*

«E, vediamo... cosa suggerisce?» le ho chiesto a voce alta traducendo il mio pensiero.

«Non so. Provi a pensare alla sua vagina.»

Non credevo di aver capito bene.

«A cosa?»

«Alla sua vagina» ha reiterato impassibile. «Provi a pensare alla sua vagina.»

Avevo capito bene, aveva proprio detto di pensare alla mia vagina.

Oddio. Avete presente la vagina? Non necessariamente la vostra? Quante cose più belle della vagina vi vengono in mente dovendo fare un elenco, anche sommario? E comunque, anche se l'elenco fosse molto lungo, a che punto starebbe la vostra vagina? O, meglio ancora, la vostra vagina ci starebbe? Fra le *cose belle*?

Senza scomodare per forza tramonti rossi, prati verdi, cieli azzurri, neonati rosa e tutte quelle truci ovvietà universalmente riconosciute come *belle,* com'era possibile piazzare la vagina in quel mucchio? Dopo quanti chilometri è plausibile che, sulla lista delle *cose belle,* scriviamo *vagina*? Non sto dicendo cose *utili,* né *divertenti,* né *irrinunciabili,* né *uniche,* né *appassionanti.* Sto dicendo *belle.* Persino Erica Jong sarebbe d'accordo con me.

Come cazzo faceva a dirmi di pensare a qualcosa di bello facendomi quell'esempio? «Ma la vagina è orrenda!» ho protestato.

Deike ha sorriso con aria consapevole e, da vera psicanalista pluridecorata ha domandato: «La SUA vagina è orrenda?».

Eh, no, ciccia, adesso non mi fotti col fatto che se non mi piace la mia vagina c'ho i problemi. Se quando devi pensare a qualcosa di bello pensi alla vagina, i problemi ce li hai tu!

«Ma no, non la mia, quella di chiunque! Se devo pensare a qualcosa di bello non mi viene certo in mente la vagina!»

La venustà della vagina era un falso problema in quel momento, ovvio, ma ero già in un vicolo cieco.

Adesso l'esperta psicanalista Deike Gerlach mi avrebbe dimostrato che ero in conflitto con la mia femminilità, quindi con mia mamma, mia sorella, le mie amiche delle elementari, le suore della scuola dell'obbligo e con la mia vagina, che non avevo risolto il complesso di Edipo con mia madre, quello di Elettra con mio padre e che proprio da mio padre aspettavo ancora l'autorizzazione arcaica che mi avrebbe permesso di affrancarmi dal suo giogo. Questo temevo che mi avrebbe detto con sguardo glaciale Deike, solo perché trovavo decisamente meno attraente la mia vagina rispetto, che ne so, a una meringata di tre piani con la panna, i confetti d'argento, i fiori di zucchero e le gocce di cioccolato.

Eppure ero sicura che chiunque, oltre a me, avrebbe optato per la meringata. A meno che la domanda non fosse stata "Dove metteresti volentieri l'uccello?" ed è chiaro che in quel caso la meringata sarebbe stata seconda.

«Quindi, se deve pensare a qualcosa di bello NON le viene in mente la sua vagina» ha sentenziato Deike come se non sapessi cosa mi perdevo.

«No» ho confermato.

«E cosa le viene in mente?»

«Non lo so» ho risposto con un broncio di un metro.

Come potevo spiegarle che, se avessi avuto sulla punta delle dita tutte le cose belle del creato non sarei stata lì, perché avrebbe voluto dire che non ero depressa? E se non fossi stata depressa, forse, in quel momento sarei stata chissà dove a usare furiosamente la mia vagina che, invece, sonnecchiava inutilizzata dal giorno in cui mi ero ammalata.

Sembrava che la piccola Deike non considerasse che il sesso e tutto ciò che a esso era collegato (e secondo me la vagina lo era abbastanza) giaceva al centro della terra in preda a un sonno profondo.

Perché la depressione ti fa anche questo, prende i tuoi organi sessuali, li piega per benino e li ripone nell'armadio della biancheria insieme all'antitarme, così non si rovinano. Terribile ma vero, quindi, sentir parlare di vagina era pura fantascienza.

Il silenzio che è seguito dopo la discussione *vagina sì-vagina no* mi ha lasciato piena di interrogativi e di dubbi su

Deike. Che aveva voluto dire? Che avrebbe voluto sentirmi dire? Per non fare la figura della sprovveduta sono rimasta muta mentre lei, senza alcun preavviso, ha cominciato a sciogliermi i punti. Almeno quella pratica la conoscevo e, grazie a Dio, serviva.

Ma ero incavolata; ero venuta fin lì col taxi sfidando la pioggia e il freddo in cerca di risposte ai miei dolorosi dubbi esistenziali e me ne tornavo a casa con nulla di fatto dopo aver parlato di figa tutto il pomeriggio, manco fossi stata al Bar Sport.

Ero incavolata e avvilita e avevo assolutamente bisogno di qualcosa di positivo che mi facesse tirare l'ora di cena. Ma quel qualcosa non è arrivato e, plumbea come non mai, mi sono preparata qualche schifezza da mangiare.

Provi a pensare alla sua vagina... allucinante.

Che poi mi faceva pure sentire in colpa. Orde di donne delle generazioni precedenti avevano lottato duramente per dare dignità a un organo che io avevo passato il pomeriggio a calunniare. Che palle Deike. Manco avessi detto che la vagina brutta era la sua.

Come facevo a risollevare le sorti dell'ennesima giornata triste e cupa? Non mi andava di vedere un film, di leggere non se ne parlava proprio, la TV trasmetteva qualche cosa di orrendo non ben identificato e non volevo telefonare a nessuno. Che potevo fare, oltre ad angosciarmi sul divano fissando il muro? Niente, infatti ho sollevato il mio culo afflitto tappezzato di pile e sono andata a letto.

Ho spento la luce e mi sono addormentata mentre la mia vagina, bella come il sole, scivolava nel mondo dei sogni insieme a me.

6

Giordana mi è stata sempre vicino, mi ha sempre ascoltato e non si è stancata di ripetermi, nel corso degli anni, che il dolore prima o poi sarebbe passato, la mia tiroide si sarebbe rimessa in carreggiata e anche la mia psiche.

Si è sorbita una me stessa raccapricciante e terribilmente noiosa e si è anche occupata di mio figlio, cosa per la quale le sono ancora immensamente grata.

Quando mi sono ammalata Harpo aveva due anni, era un ragazzino bellissimo e vivacissimo che viveva per me e con me. La cosa, ovviamente, era reciproca.

Ha preso il suo primo aereo a tre mesi, ha campato sui treni e negli alberghi perché io ero in tournée e mi seguiva ovunque. Volevo un amico che fosse bello, intelligente, simpatico, comprensivo e responsabile e in lui l'ho trovato.

Quando l'ho visto per la prima volta aveva due mesi e stava in un angolo in uno scatolone di cartone: un criceto ricciuto dagli occhi neri che mi fissava con l'aria di uno che aveva voglia di correre. E infatti, appena appoggiato sul pavimento di casa, si era messo a girare in tondo all'impazzata sul tappeto, manco fosse stato caricato a molla. Forse era davvero un criceto.

Era talmente bello che mi mandava in confusione, era perfetto. Adesso, che è un signore che si avvia consapevolmente verso la terza età è ancora più bello ed è mille volte più unico.

Ciononostante, nel periodo duro della mia depressione l'ho lasciato. È stato incredibile, dopo tanti anni non riesco ancora a capacitarmene, ma è andata proprio così.

Ricordo distintamente un pomeriggio invernale e infernale in cui stavo da Gio (!) col solito magone in offerta speciale. Harpo mi si è avvicinato e io l'ho guardato senza un sentimento. Non capivo cosa volesse 'sto cane da me. Coccole? Non mi andava, non l'avrei accarezzato manco per sbaglio, poteva stare lì fino a mezzanotte. Sono andata da Gio e le ho detto che se voleva se ne poteva occupare lei, io non sapevo che farmene di quel botolo pieno di esigenze.

In questo preciso istante sento il suo respiro che arriva da sotto il divano perché in questi giorni fa caldo e quello è l'unico posto dove c'è qualche grado di meno. Un fischio sottile che mi fa compagnia da tanti anni e che adoro. uno dei suoni più belli del mondo.

So che quando parlo di Harpo perdo ogni obbiettività e ne sono molto felice. Sono felice di stare in quella nutrita schiera di persone che ha col proprio animale un rapporto che molti rompicoglioni definiscono innaturale e che, invece, per noi malati è vitale.

Io sono una di quelle che dorme col cane, mangia col cane, fa leccare al cane il piatto col sugo della pasta, disprezza i negozi in cui i cani non possono entrare, cancella per sempre le persone che non amano i cani, gioca col cane, guarda il suo cane che dorme e si commuove, e tende a parlare di cani perché sa per certo che è un argomento cento volte più interessante di tutte le chiacchiere inutili e spesso dannose che si fanno per ammazzare il tempo.

Quando la mia brutta malattia mi ha privato dei sentimenti, chi ne ha fatto le spese è stato Harpo.

Una delle caratteristiche più odiose della depressione è il distacco profondo che provi nei confronti del mondo esterno. E il mondo esterno è fatto di strade, di cieli, di persone, di negozi, di semafori, di viaggi. E di cani. Ammalarmi di dolore e lasciare Harpo è stato tutt'uno. Certo, non l'ho abbandonato nel parcheggio di un supermercato, però l'ho lasciato, mentalmente e affettivamente.

Lo portavo fuori a fare le passeggiatine della pipì proprio perché sapevo che non farlo sarebbe stato da denuncia, ma erano giretti sindacali nei quali guardavo catatonica davanti a me aspettando solo di tornare a casa al più presto.

Giordana gli ha dato quell'amore e quelle cure che io non gli davo, lo ha adottato affettivamente mentre io ero diventata *sorda*. Gli ha voluto bene in mia vece.

Per molto tempo lui ha continuato imperterrito a cercare da me dell'affetto, poi, piano piano, ha capito che non era aria.

Si è allontanato con discrezione, come un gatto, e si è spostato verso lidi più accoglienti. Strano, perché è tutto fuorché discreto. È un cane con una forte personalità, è uno che pretende attenzione, cura, amore, chiasso.

Giordana aveva già una stupenda lupa che si chiamava Breth. Adesso non c'è più, ma è evidente che ci protegge e ci tiene un zampa sulla testa dal paradiso nel quale si è nascosta.

Io e Harpo vivevamo a casa di Giordana. Era diventata una specie di comune che, grazie a me, sembrava più un lazzaretto.

Breth ha accolto Harpo con molta generosità e il mio ragazzetto ha avuto da lei e da Gio tutto quello che io, malata ed egoista, non gli volevo (potevo?) dare.

E quando ha smesso di cercare il mio amore io non me ne sono neanche accorta. Che orrore, se ci penso.

Perché c'era Harpo nella mia vita? Perché un cane ti costringe a fare i conti con la tua emotività e questa è probabilmente la ragione per cui c'è chi li adora e chi li fugge come la peste.

Personalmente ritengo la mia emotività una gran ricchezza perché, se è vero che mi mette a rischio di grandi sofferenze, mi dà anche una chiave per vedere il mondo senza filtri né protezioni, e questo mi piace.

Diffido potentemente di chi non si fa coinvolgere dai fatti della vita, di chi prende le distanze da tutto, perché il più delle volte è un fifone travestito.

Diffido dei cosiddetti *duri*, perché dentro sono molli, anzi, mollicci

Diffido di quelli che si nascondono dietro al cinismo per non pagare il dazio della fragilità e del sentimento che sono, a mio avviso, il nostro bagaglio più prezioso. E dico sentimento, non sentimentalismo, sia chiaro, perché penso che il sentimentalismo sia solo una bieca degenerazione di qualcosa di bello e potente.

Ecco, secondo me il cane è la persona che ci permette di essere veramente *umani* nel senso più nobile del termine.

Quella stronza di depressione mi aveva fatto perdere di vista tutto questo.

E mi aveva privato anche di alcune fra le più elementari gioie della vita. Per esempio le passeggiate.

Ogni volta che io e Harpo andiamo a passeggio c'è fra di noi un filo diretto di comunicazione che ci mantiene in contatto. Contatto mentale, ovvio.

Lui mi sente e io sento lui, così ci monitoriamo a vicenda, minuto dopo minuto. Certo, qualche volta lo faccio incazzare perché so che non ama entrare nei negozi che ci spezzano il ritmo della camminata, ma pure lui mi esaspera con tutte quelle pisciatine ogni mezzo metro.

Ma tant'è, lui sa quando deve mettersi il cuore in pace e aspettare che io sbirci qualche vetrina e io so quando proprio non si può fare a meno di usmare quella cacca o di sfrucugliare quell'erba e, come due vecchi coniugi, aspettiamo pazientemente che l'altro abbia fatto quello che deve. Ma, a differenza di quasi tutte le unioni matrimoniali che conosco, fra me e lui non c'è *stanchezza*.

Sì, ogni tanto guarda *le altre* che si fermano a fargli i complimenti o le coccole, ma è naturale (oserei dire inevitabile) e cerco di non essere gelosa; come del resto lui abbozza quando incontro dei cani per strada e mi inginocchio per carezzargli la testa o dargli qualche grattata sulla schiena e sulla pancia. Non mette *il muso* come molti mariti rompicoglioni, anzi, si precipita a festeggiare con una sportività encomiabile.

Non gliene frega niente del calcio, e questo non ha bisogno di commento, ma non si lagna se io mi appassiono alle partite della Nazionale, perché è molto tollerante con certe mie bassezze e lascia che mi diverta. Commenta vistosamente le trasmissioni politiche dimostrando un senso civico che ormai è più unico che raro e ignora i varietà televisivi, sempre più privi di vita.

Cerca il mio amore, ma certe volte mi tiene alla larga e fa bene: affettivamente posso essere asfissiante.

È uno degli uomini più spiritosi che conosca e, come tutte le persone sicure di sé, ha il gran pregio di non voler piacere a tutti i costi.

Non è vanitoso e sa benissimo di potersi permettere anche di essere sporco perché è comunque attraente. E poi, gli uomini tirati a lucido che passano la vita davanti allo specchio sono veramente deprimenti, e lui lo sa.

Io amo le sue puzze e lui ama le mie, ci facciamo delle dormite profonde *cheek to cheek* e, al risveglio, non so qual è lo sbadiglio più micidiale.

Né, quando capita, qual è la scoreggia più significativa, che io accetto da lui di buon grado e che lui accoglie da me sportivamente ogni volta che si presenta lacerando il silenzio della nostra vita insieme.

E questa non è cosa scontata, perché uomini e donne vivono in un regime di profonda disuguaglianza olfattiva.

Siamo ancora schiavi del concetto che, se gli uomini possono permettersi rutti e scoregge a volontà, per le donne la questione è troppo spesso tabù. La donna è condannata ad un *garbo* che non le permette di essere veramente se stessa, perché un profondo malinteso la vuole ossessivamente leggiadra e capace di produrre solo roselline e violette.

Eh, no!

Perché mai una donna non deve poter dare libero sfogo alle necessità primarie del proprio corpo, per il quale, oltretutto, fa tanti sacrifici? C'è un intero sistema che ci mette all'angolo e ci impacchetta con creme antirughe, sostanze segrete anticellulite, cosmetici carissimi, vestiti fascianti e tacchi insopportabili per renderci, dice, belle e desiderabili. Potrà questo *corpo* tanto celebrato, curato e manipolato permettersi di fare una scoreggia quando gli scappa, o ciò lo condanna a perdere fascino?

Ecco, un uomo come Harpo sa come apprezzare una donna che si esprime non solo a parole. Converrete con me, signore, che è una libertà che non ha prezzo.

Tutto questo e molto altro ancora è quello a cui la mia merdosa depressione ha imposto un buio violento e aggressivo.

E mentre brancolavo come la cieca di Sorrento ciucciando pastiglie senza senso, nella mia vita è entrato il super dottore, il luminare, il figo, l'altissimo... il professor Cordoni, che mi ha promesso che avrebbe messo le cose a posto.

Era fatta! La mia fede mi diceva che Cordoni avrebbe miracolato la mia tiroide e sistemato quel groviglio di sinapsi che mi ritrovavo nel cervello che, in quel preciso momento, sarebbero servite più per condire una pastasciutta che per farmi fare un ragionamento di senso compiuto.

Ho chiamato il dottor Cordoni una sera tardi, dopo che per un paio d'ore avevo sbattuto la testa nel muro. Ero a casa mia, Giordana mi guardava piangere e annaspare e non aveva più parole per calmarmi. Piangendo, le strillavo in faccia che ero disperata. Con un surreale giro di telefonate, Gio ha trovato il numero di Cordoni.

«Chiamalo immediatamente!» mi ha ordinato.

«Ma come faccio? Sono le undici passate, questo starà cenando, dormendo, starà facendo i cazzi suoi!»

«Chiamalo subito, chi se ne frega se mangia o dorme, non vedi come stai? Capirà, ne sono sicura.»

L'ho guardata e ho visto quanto era preoccupata. E triste. Ho chiamato Cordoni che, in effetti, ha capito.

Così, grazie a lui, sono diventata radioattiva.

7

E tre! Endocrinologi, of course.

Cordoni era il terzo medico che consultavo per cercare di rimettere in carreggiata la mia tiroide, e ciò avrebbe raddrizzato e riorganizzato anche le sinapsi di cui sopra.

Dopo il fuggiasco Simoni e l'artistico Tognetti, speravo che Cordoni fosse solo un dottore. Sarebbe stato bellissimo se fosse stato un vero endocrinologo contento di curare tiroidi, senza altre velleità.

Ero arrivata a Cordoni grazie a un rocambolesco triplo carpiato di Giordana.

Con un'indagine degna di Miss Marple era riuscita ad avere nome e numero di telefono svegliando mezza città, verso le undici di sera. Essendo Gio una persona discreta ed educata fino al paradosso, per decidere di fare un giro di telefonate a quell'ora doveva essere evidentemente distrutta dalle mie asfissianti sofferenze e credo che sarebbe stata disposta a prostituirsi pur di risolvere la mia angusta situazione.

Ma per fortuna non c'è stato bisogno di arrivare a tanto e il numero del dottore non ha richiesto alcuna performance sessuale.

Alle undici e qualcosa componevo il numero di Cordoni con un'agitazione da esame di maturità.

Pochi squilli e la sua voce è arrivata bella chiara con un accento centroitalico e rassicurante.

Non era semplicissimo spiegare fra le lacrime a un medico che non mi aveva mai visto né conosciuto tutta la trafila che mi riguardava, ma con diligenza e angoscia l'ho fatto. E devo pure essere stata convincente perché, con un'intraprendenza che ha sorpreso anche i miei geni milanesi, mi ha cambiato la cura lì per lì, al telefono.

Un gesto miracoloso. Se avesse camminato sulle acque mi avrebbe fatto meno impressione.

Cordoni si è fatto dire per filo e per segno tutto quello che mi era successo fino a quel momento e, siccome mi scordavo sempre qualcosa, c'era Giordana a suggerire attaccata alla cornetta con l'orecchio vigile e l'occhio sbarrato, per non perdere nemmeno una sillaba del professore.

Cordoni ha sopportato le mie lacrime e mi ha fatto parlare piuttosto a lungo, cosa che mi ha fatto sentire bene.

Ha detto che stavo facendo una cura da pazzi, che avrei dovuto cancellare dalla mia dieta medica l'Eutirox (prescritto da Tognetti), ripristinare l'Inderal (tolto da Simoni) e ridurre il Tapazole (la medicina col nome da pietanza messicana). Era preoccupato per i miei valori tiroidei, ovviamente gli avevo letto le analisi. Ed era preoccupato anche per la quantità di farmaci sbagliati che stavo prendendo e per l'assenza di medicine che, invece, lui riteneva necessarie.

Ero felice. Il mio nuovo dottore mi stava dicendo che ero una chiavica e io ero entusiasta, perché sentivo che parlava con cognizione di causa. Il resto lo faceva la mia voglia di essere in buone mani, la necessità di credermi finalmente seguita da una persona capace.

Piangevo di dolore ma anche di speranza, sempre che esista questa possibilità, poetica, ma improbabile.

Ero emozionata, sentivo di avere davanti una strada nuova e, essendo io ottimista fino all'ottusità (una cosa che Giordana mi ha detto qualche tempo fa e che mi ha molto colpito), per l'ennesima volta credevo di avere finalmente trovato il bandolo della matassa.

Era ora di fare il gomitolo e di iniziare a sferruzzare!

L'appuntamento con Cordoni era fissato di lì a pochi giorni perché bisognava aspettare che lui passasse per Roma. No problem.

Intanto, già dal giorno dopo avevo iniziato la nuova cura diserbando il mio stomaco dalle medicine sbagliate e concimandolo con quelle giuste. Tutto ciò avrebbe portato ad un grande raccolto, ne ero certa!

11 ottobre 2002. Sole pieno.

Io e Giordana stavamo per varcare la soglia dello studio romano di Cordoni in una mattina luminosa fino all'eccesso. Buon segno. Quando ero andata da Tognetti diluviava, avrei dovuto capire che buttava male.

Meno cinque. Quattro. Tre. Due. Uno.

Cordoni, Ecce homo. Ecce Cordoni.

L'*homo* era un bel signore con l'aria da medico. Avrebbe potuto fare solo il medico, perché tutto di lui diceva che era quella cosa lì: un medico. Se l'avessi visto nudo in una sauna o penzolare da un trapezio col costumino di lustrini o davanti a un forno a legna con una pala per pizza avrei comunque pensato che era un medico, perché i suoi lineamenti erano assolutamente inequivocabili. Ci sono le facce da medico e lui ce l'aveva.

Manco a dirlo, appena ho attaccato ho iniziato a piangere, quindi Giordana è entrata in azione spiegando per benino le mie condizioni (ahimè piuttosto chiare!) ed elencando medici e medicine che avevo frequentato e ingerito fino ad allora.

Cordoni ascoltava, comprensivo. Meno comprensivo era nei confronti dei medici che mi avevano manipolato prima di lui, dei quali parlava con malcelato disprezzo. Malissimo celato, perché non faceva che sottolineare tutte le cazzate con cui i suoi predecessori si erano accaniti sulla mia persona.

Come dargli torto?

Cordoni era chiaramente un barone. Uno di quei dottori

di fronte ai quali ti senti alto non più di un metro e cinquanta perché giganteggiano psicologicamente scoppiando nei loro panni, verbosi e innamorati di sé come dei pazzi, ma anche esperti e competenti. Quindi ci potevi stare.

Certo, avevo sempre l'impressione di essere l'ultima della classe in un'aula di premi Nobel, ma, considerata la mia condizione, il suo paternalismo istintivo e inevitabile era il male minore.

Prometteva meraviglie per il futuro della mia tiroide.

E la mia psiche? Che ne sarebbe stato di lei?

Pausa.

Psiche? *What's p-s-i-c-h-e?* sembrava domandare herr doktor con un mezzo sorriso e gli occhioni spalancati.

Beh, pensavo io, la psiche è quella cosa che sta *dentro* e che controlla il *fuori*. In soldoni, ovvio.

Quindi giù a spiegare i guai psicologici derivati dai farmaci sbagliati, il dolore immotivato nel quale ero precipitata, giù a elencare a due voci, io e Gio, la pappa cerebrale che mi sciaguattava nella scatola cranica da un po' di tempo.

E lì è cascato l'asino.

Secondo Cordoni non c'era poi 'sto gran legame tra la tiroide e la psiche.

La ghiandola che lui mi avrebbe curato era una cosa, la mia mente *malandata,* un'altra.

Oddio, ci risiamo, un altro da convincere.

Lo guardavo con l'espressione ottusa che avrebbe fatto invidia a una trota, ma dentro di me si agitavano i marosi dell'indignazione per il suo scetticismo e Giordana tradiva una punta di incazzatura serrando le labbra in maniera piuttosto innaturale. Minimizzando il mio danno psichico, Cordoni diceva che era strano che stessi *così* male, perché la parte incriminata del mio corpo non era il cervello ma quella ghiandola che stava nella zona anteriore del collo chiamata tiroide.

Io e Gio fremevamo all'unisono.

«Ma dottore, Veronica non è così, è una persona vivacissima, positiva, allegra, vitale. Ora è profondamente depressa, è rallentata, non ha stimoli di nessun tipo, è sempre stordita, com'è possibile?» aveva domandato la mia amica appena era riuscita a dissigillare le labbra.

«Semplice. Sta a mollo nell'acqua. Vorrei vedere lei nelle sue condizioni.»

«Sta... a mollo... dove?»

Nell'acqua. L'ipotiroidismo furioso nel quale ero caduta aveva *gonfiato* i tessuti del mio corpo di acqua e altre sostanze con nomi un po' schifosi, tipo *mucoproteine*, o giù di lì. Questo succede quando la situazione è grave, e, per la cronaca, può diventarlo molto di più.

Molti ipotiroidei ignari della loro malattia si ritrovano a sbattere nelle porte per colpa di un sonno che li perseguita, l'attività psicomotoria rallenta pesantemente e inesorabilmente, sentono freddo in maniera sproporzionata, hanno la faccia gonfia, le mani gonfie, la lingua gonfia, addirittura le corde vocali gonfie, tanto da avere la voce alterata. Hanno i capelli fragili che si spezzano come niente, idem le unghie, soffrono di una caduta continua dei peli del corpo e sono affetti da bradicardia. E non so quante altre terribili caratteristiche ho tralasciato in questa lugubre lista.

Tutti questi sintomi, se non curati, peggiorano nel tempo, insieme a un progressivo, ulteriore deterioramento della tiroide.

Lo stadio ultimo e più grave di questa discesa agli inferi può portare al coma da mixedema che miete vittime per il 50% dei casi. E molte persone non si accorgono nemmeno di essere ammalate, perché l'inedia che le colpisce all'inizio di questo micidiale processo toglie loro la forza di contrastarlo e di curarlo.

Non c'è da scherzare con Madama Tiroide, è cattiva e non perdona.

Tutto questo spiegava Cordoni a Giordana, i cui begli occhi marroni e languidi assumevano lentamente le dimensioni di due uova al tegamino.

Il quadro era preoccupante, Cordoni era stato chiaro. Gli ero grata per questo, nonostante la mia espressione da trota stordita non fosse mutata di un micron.

Anche Giordana era contenta, si fa per dire, di avere finalmente ottenuto delle spiegazioni, delle risposte ai molteplici *perché* che affollavano la sua e la mia mente.

Ma c'era un ma.

Perché cacchio Cordoni si ostinava a considerare il mio sconvolgimento psichico un fastidioso *di più* e non parte integrante della mia malattia?

Tutto quello di cui ci aveva parlato fino a quel momento lavorava a favore della pazzia allo stato puro, altro che *alterazioni dell'umore*! In più c'era la mia massiccia e sconsiderata assunzione di farmaci, fra le cui controindicazioni c'era scritto nero su bianco depressione. Depressione. DE-PRES-SIO-NE.

Cazzo! Ma che altro mi doveva capitare perché il mio stato non fosse visto come una *stravaganza* ma come la logica conseguenza della mia tiroide impazzita?

Anyway, Cordoni prometteva di rimettermi in sesto.

La prima cosa da fare era disintossicarmi dai farmaci sbagliati presi fino a quel momento. E ciò richiedeva tempo.

Una volta ripulita, avrei dovuto riportare *in bolla* la mia tiroide, e per questo c'era l'Eutirox. Bisognava fare dei tentativi con vari dosaggi cercando quello che mi avrebbe fatto rifunzionare alla perfezione, come prima del disastro.

E anche questo richiedeva tempo.

Come se non bastasse, mentre Cordoni illustrava questa strategia, ne considerava anche la possibile inefficacia. Con la massima onestà (e gliene sono grata) riteneva possibile che questa strada non desse risultati positivi, perché la mia tiroide poteva essersi definitivamente *rotta*, anche se noi al momento non lo sapevamo. Poteva essere da buttare, da dare al gatto.

Era sua intenzione fare di tutto per salvarla, ma, come *del doman*, anche di questo non *v'era certezza*.

Molto seriamente e professionalmente, Cordoni mi avvisava degli ostacoli che avremmo potuto trovare sull'impervia via della guarigione.

Quindi, se disgraziatamente quella stronza ghiandola avesse continuato a fare i capricci, sarebbe scattata l'inevitabile opzione due: lo iodio radioattivo.

Figoooo! Cos'era?

Lo iodio radioattivo era un pasticcone che avrei dovuto ingurgitare per *seccare* definitivamente la mia tiroide cialtrona. Lei non funzionava? E io la neutralizzavo, tiè!

Ingerivo lo iodio radioattivo (un pillolone grosso come un supplì) e la ghiandola pestifera si atrofizzava lentamente fino a diventare una specie di fogliolina secca che non serviva più a niente. Naturalmente, anche questo processo richiedeva tempo.

Dopo il pasticcone risolutore, avrei dovuto prendere l'Eutirox vita natural durante, una volta stabilito il giusto dosaggio. E trovare il giusto dosaggio, cosa richiedeva? Tempo naturalmente!

Tempo: la cosa di cui ho abusato di più nel corso di questa disavventura. Ho usato tanto, ma tanto di quel tempo che posso solo essere grata al fato di avermelo concesso così, a fondo perduto.

Per quindici giorni dopo l'assunzione dello iodio, sarei stata *radioattiva*.

Ah. Cioè?

Cioè, non avrei potuto mangiare nei piatti normali ma solo in quelli di carta che avrei successivamente buttato in un sacchetto dell'immondizia tutto mio insieme a posate e tovaglioli usa e getta, non avrei potuto avvicinare bambini e donne incinte, avrei dovuto tirare lo sciacquone quattro o cinque volte dopo aver fatto la pipì per essere sicura che non rimanesse traccia della mia minzione effetto Hiroshima, non avrei potuto dormire con nessuno (pensate che amplessi *incandescenti*!) e avrei dovuto lavare le mie lenzuola e i mie vestiti con svariati bucati senza mescolarli a indumenti altrui.

Ed era comunque meglio che me ne stessi per i cazzi miei senza scegliere proprio quei quindici giorni lì per socializzare con l'umanità e per cercare nuovi amici.

A meno che, ovviamente, non me ne importasse niente di infettare mezzo mondo, nel qual caso avrei tranquillamente potuto organizzare una bella bourguignonne scambiando la forchettina col mio vicino di tavola, avrei potuto fare dei campionati di gioco della bottiglia, passare decine di canne a chi stava alla mia destra nel cerchio, e indire una gara di baci con diecimila iscritti, tipo college americano. In questo caso avrei contagiato un bel po' di gente e buonanotte ai suonatori.

Ma considerato che, non solo non sono cattiva, ma oso spingermi a dichiarare senza tema di essere buona e generosa, in caso di iodio radioattivo avevo promesso a me stessa e all'umanità tutta che avrei vissuto più isolata di una suora di clausura col colera.

Ora sapevo come avrei proceduto. Finalmente avevo incontrato un medico che *sapeva* e che faceva sapere anche a me. Rimaneva il buco nero del risvolto psicologico, ma almeno l'aspetto strettamente *medico/ghiandolar/tiroideo* era sviscerato.

Con la mia solita faccia da niente, obbedendo a Cordoni, mi sono sdraiata sul lettino e mi sono fatta visitare. Lui ha cominciato a tastarmi il collo, ha guardato se sbulbavo, mi ha rivoltato in lungo e in largo, mi ha fatto domande e, dopo una visita più che accurata, mi ha prescritto un ciuffo di analisi da fare di lì a un mese, il 14 novembre: un emocromo completo e delle prove della funzione epatica.

Se, entro il 14, la sua cura avesse funzionato, le analisi ci avrebbero dato dei risultati positivi.

Mi sono rivestita con calma (inutile dirlo), ma ero ovviamente preoccupata per l'umore cupo e mortifero per il quale non avevo soluzione. Con timoroso coraggio, un secondo prima di lasciare lo studio ho buttato lì un: «Ma per la depressione come faccio? Sa, io sto proprio male».

Cordoni mi ha guardato con un gentilissimo distacco.

«Mah, guardi, non saprei. Non saprei proprio che dirle,

non conosco nessuno che la possa aiutare (e non credo che lei ne abbia alcun bisogno, era il messaggio che dardeggiava dai suoi occhi). A meno che non voglia provare con una certa...» e si è messo a frugare nella memoria «... una certa dottoressa Vassalli, una psichiatra, pare che sia abbastanza brava. Oddio, io non la conosco, ma mi hanno detto che funziona. Non so, provi.»

«Vassalli? È una psichiatra? È brava?» i miei occhi scintillavano sottotraccia e questo, forse, l'ha un po' indispettito.

«Mh, dicono. Mi pare di averci già mandato qualche paziente, tempo fa. Ma sa» ha ammiccato furbo «io a quella roba lì non ci credo.»

Oh, bella, un medico che non credeva alla psichiatria? Probabilmente non credeva nemmeno alla psiche, visto che la chiamava *quella roba lì*. Pazzesco, ma non mi importava.

Era difficile, ma ero a cavallo. Di un ronzino, forse, ma stavo in sella! Se fossi riuscita ad aggiustare la tiroide grazie a Cordoni e la mente grazie alla Vassalli, prima o poi sarei tornata normale, no?

«Grazie dottore, farò le analisi fra un mese.»

«Brava. Naturalmente se ha problemi di qualunque genere mi telefoni, i miei cellulari ce li ha.»

«Ma certo, grazie.»

«Arrivederci.»

«Arrivederci.»

Ed ecco di nuovo io e Gio fuori dallo studio di un dottore. Io, Gio e la Vespa. Un Carro di Tespi itinerante che seminava domande e raccoglieva di tutto.

Tre endocrinologi, una psicanalista e ora, forse, una psichiatra. Una dottoressa che mi avrebbe curato con le *medicine* per la *mente*. Era un passo importante, assolutamente nuovo. Avrei avuto il coraggio di farlo?

Spesso la gente alla parola *psicofarmaco* rabbrividisce. Parli di psicofarmaci e tutti si vedono immediatamente ricoverati alla Betty Ford con Liz Taylor come compagna di camera. È sbagliato.

Ho fatto un lungo viaggio in compagnia degli psicofarmaci ed è stato difficilissimo, ma inevitabile. Niente avrebbe potuto fare per me quello che hanno fatto loro, perché quando è la chimica a far danni, solo la chimica li può riparare.

E comunque, detto fra noi, essere vicino alla grande e generosissima Liz sarebbe stato un onore. Chissà, forse avrebbe illuminato la mia strada oscura con la luce dei suoi bellissimi occhi viola.

8

«Io non l'ho mai visto, quindi non esiste» diceva l'orso Grug troncando il discorso.

Era il suo modo di chiuderla lì, di tappare la bocca ai figli e di zittire mamma orsa.

La favola dell'orso Grug aveva deliziato un breve ma significativo periodo della mia infanzia. Una famiglia di orsi doveva continuamente fare i conti con l'ottusità del capofamiglia che, ogni volta che moglie e figli dicevano qualcosa, rispondeva come un disco rotto: *io non l'ho mai visto, quindi non esiste.* Ed era veramente difficile convincere Grug ad aprirsi, perché fra lui e l'esterno c'era un muro invalicabile. Non ricordo come finisse la favola, probabilmente bene, probabilmente dopo una sfilza di no, Grug capiva che rifiutare il mondo era sbagliato e tutto si aggiustava.

Ma la vita è diversa.

Tutte le volte che mi sono scontrata con l'ottusità umana mi sono ritrovata a citare fra me e me proprio lui, Grug. Quando qualcuno non capisce, ecco che salta fuori Grug e mi illumina.

Io non l'ho mai visto, quindi non esiste.

La mia depressione era invisibile, non si poteva toccare, quindi, non esisteva.

Se mi fossi spaccata le ossa dalla testa ai piedi e mi fossi ritrovata in un letto d'ospedale ingessata come Tutankhamon, nessuno avrebbe avuto il minimo dubbio sul mio dolore e sarei stata omaggiata, compatita, capita.

Poverina, l'hai saputo? Ha fatto un incidente tremendo, s'è rotta tutto, deve stare in ospedale, vedessi com'è ingessata. Immobile per sei mesi!

Davvero? Oh Dio, chissà che male, chissà i crampi, chissà le piaghe da decubito, chissà, chissà, chissà...

Siccome quello che mi ero *rotta* non era evidente, il dolore dove stava? Fregnacce, punto e basta.

Mi è capitato, durante il periodo nero, di parlare con una persona fortemente bipolare. Sei mesi normali e sei mesi d'inferno, questa era la sua vita. Io, egoisticamente, gongolavo; eravamo in due a stare di merda, che pacchia! Mentre mi raccontava questa sua altalena esistenziale, la sorella, una signora sulla cinquantina che conoscevo piuttosto bene, seduta alle sue spalle, mi guardava con un sorrisino di compatimento e si picchiettava la tempia col dito indice come a dire *è matta, che ci vuoi fare*? E, mentre la bipolare mi illustrava le sue tremende difficoltà di relazione e di vita che io capivo perfettamente, l'altra mi guardava dritto negli occhi crollando la testa come a dire *non è vero niente, inventa!*

E, sia chiaro, le due erano molto unite, si volevano bene e andavano d'accordo. Questo siparietto mi ha raggelato. Ecco come erano percepite le persone che soffrivano di un disturbo impalpabile ma gravoso come quello che funestava anche me: erano matte. Inventavano, straparlavano. Scocciavano.

Una persona depressa ha bisogno di cure, è innegabile. Ma ha anche bisogno dell'amore di chi le sta vicino, perché solo l'amore altrui ti dà la forza di non desiderare di morire.

Mentre l'incomprensione ti fa sentire così totalmente, perfettamente solo, che vivere non è più una cosa tanto piacevole.

Grug Cordoni e *Grug Tognetti* erano stati abbastanza esemplari nel farmi sentire una matta che straparlava, e io avevo smesso di dire come stavo perché tanto era inutile. Solo Giordana sapeva la verità, solo a lei riservavo il peggio di me.

Ai miei genitori avevo detto poche cose piuttosto vaghe, idem a mia sorella. Riducevo all'osso le notizie perché non li volevo preoccupare e perché non sapevo come dire loro che ero diventata un'altra. Sapevano che stavo male, chiedevano continuamente e io dicevo il minimo. Oltretutto, mamma e papà stavano a Milano e io a Roma, questo mi aiutava a nascondermi fra le pieghe della mia malattia, a sparire. Parlare era molto difficile e anche fisicamente faticoso. Non avrei dovuto, ma li ho esclusi. Ho escluso tutti.

Ora mi aspettava un mese pieno in cui la mia principale attività sarebbe stata sperare che la cura di Cordoni funzionasse. Un mese. Trenta giorni. Una caterva di ore, tonnellate di minuti, dolorosi e incerti, uno dietro l'altro.

Le mie visite da Deike Gerlach continuavano ed erano piuttosto utili perché mi sfogavo. Io parlavo e piangevo, lei ascoltava e *scioglieva i punti*, ma il nodo del malessere, quello no, non si scioglieva, perché era molto complesso e profondo.

E, soprattutto, era chimico. La terapia psicologica non avrebbe mai risolto uno scompenso come il mio, era necessaria un'azione specifica. Avrei potuto continuare ad andare da Deike quanto mi pareva, ma senza psicofarmaci il nostro percorso era la gara dei cento metri fatta con le stampelle, controvento e su un tapis roulant cosparso d'olio.

Le avevo accennato della dottoressa Vassalli e lei era d'accordo che ci andassi. Deike voleva che considerassi la psichiatria come qualcosa di normale, anzi, di necessario, viste le mie condizioni. Aveva ragione.

La mia depressione era stata indotta da un'esplosione chimica e solo le medicine mi avrebbero aiutato a guarire. E solo una psichiatra poteva darmi le medicine.

Due più due, quattro.

Giordana era tendenzialmente favorevole, ma sentiva il peso di una scelta così grande. Oltretutto io l'avevo caricata di una responsabilità che non poteva condividere coi miei, perché, come ho detto, sapevano un decimo della verità.

E se la psichiatra in questione non fosse stata un tipo in

gamba? Tutto sommato Cordoni ne aveva parlato con poco entusiasmo. Non era una decisione facile da prendere, anche perché lasciare la via vecchia per la nuova quando stai male ti fa temere di andare a stare ancora peggio e quella è l'unica cosa che non deve succedere.

Se la Vassalli mi avesse dato le medicine sbagliate? Se le medicine non avessero fatto effetto? Se mi avessero fatto stare ancora peggio? Gli psicofarmaci hanno effetti diversi a seconda di chi li assume, ciò che fa bene a me può essere dannoso o nullo per un altro, quindi anche questo sentiero era dissestato e pieno di trappole.

Ma stavo male, cazzo, quella era l'unica cosa sicura e sempre uguale a se stessa.

Intanto, il mese passava.

Io mi dividevo fra il set (Dio che angoscia) e la disperata contemplazione del soffitto di casa mia e di casa di Gio, dove stavo catatonicamente sdraiata sul divano. In alternativa, stavo catatonicamente sdraiata sul letto. E piangevo.

Deike mi aveva detto di raccontarle i sogni che facevo ed era bello. Analizzando i sogni, col suo aiuto, venivo a sapere molte cose di me che il mio cervello, da sveglio, non rivelava.

Quando ero piccola, ricordo che mi gettavo con cupidigia su uno stupidissimo dizionario dei sogni che avevamo in casa e che buttava lì a spanne il significato dell'attività onirica del lettore, dandone un'interpretazione in chiave simbolica. Quasi certamente una cazzata di libro, ma come mi piaceva!

Con Deike questo lavoro era fatto seriamente e mi è servito un sacco.

È difficile dirsi la verità riguardo a ciò che sogniamo, perché quel bastardo dell'inconscio non perde un colpo e di notte sputa fuori tutti i problemi che, durante il giorno, cerchiamo di non vedere.

Certe volte è stato veramente difficile capire che quella figura sconosciuta, inesistente nella vita reale era mio padre, o mia madre, o la mia insegnante di lettere e che quel fatto apparentemente senza senso mi riportava a indagare i punti nevralgici e irrisolti della mia vita.

I sogni: un continuo monito a investigare dentro di noi.

Cenerentola non aveva capito una mazza quando, sporgendosi dal balcone, gorgheggiava che fossero soltanto desideri. E no, Cindy, i sogni sono un veicolo importantissimo e spietato e ti dicono nel sonno delle cose che la luce del giorno illuminerebbe di una tinta troppo cruda e crudele per poterla sopportare. E poi, il più delle volte sono brutti.

Tutte le volte che ho avuto il coraggio di analizzare e capire il perché dei miei sogni ho fatto un passo avanti.

Naturalmente tutto questo aveva, manco a dirlo, anche un risvolto comico. E imbarazzante.

I sogni sono di due tipi, almeno i miei: presentabili e impresentabili. Non so perché, ma su dieci sogni che faccio, sette si svolgono in un cesso.

Insomma, in un modo o nell'altro, prima o poi c'è un cesso che entra nel racconto.

Ovviamente non è difficile immaginare che, se c'è un cesso, c'è anche quello a cui il cesso è preposto, cioè un'attività fisiologica.

Considerato che Deike era sufficientemente glaciale da intirizzire un pinguino, quando mi chiedeva di raccontarle l'ultimo sogno che avevo fatto pregavo che non accadesse il giorno dopo l'ennesimo sogno a base di cacca. Capitava, per esempio, che sognassi di volare; quello era un sogno tipico ed estremamente decoroso. Molto per bene.

In effetti le mie due attività oniriche più gettònate erano cagare e volare. Per fortuna non insieme, sennò poveracci quelli di sotto.

Ogni tanto, poi, incappavo in sogni che avrebbero fatto impallidire Freud e tutta la sua famiglia e, con grande soddisfazione, sfoggiavo intricatissime vicende dove i simboli si sprecavano, i complessi andavano a braccetto con le turbe e io sapevo per certo che la mia psicanalista se la spassava un mondo. Pane per i suoi denti!

«Cos'ha sognato stanotte?»

Ahia! Avrei preferito scrivere cento volte sulla lavagna "sono un somaro" piuttosto che risponderle.

«Eh. Ho sognato che ero in una vasca molto grande, tipo piscina. Però non c'era l'acqua.» Che vigliacca stavo prendendo tempo.

«Una piscina vuota?»

«No.»

Deike mi guardava col sopracciglio destro sollevato meno di un millimetro, ma tanto bastava: voleva che andassi avanti.

«No, non è vuota.»

Silenzio. Dio santo.

«Non è vuota? Bene.»

Mica tanto. Sapevo che con quel bene mi esortava a continuare e non ero contenta.

«C'è, come, della...» Uffa.

«Della...?»

«Della... della cacca.» Ecco.

«Della cacca?» ha domandato Deike.

«Sì, della cacca.» L'avevo detto. Ma non era finita lì, quell'ottantenne scrupolosa e secchiona voleva i dettagli.

Infatti: «Quanta cacca?» ha domandato serissima.

Quanta cacca? Beh, vedi un po' tu, quasi ci riempio una piscina!

«Eh, beh, parecchia. Praticamente la piscina è piena fino a metà. Quasi a metà.»

«Mh.» Mi guardava in attesa del resto. Che purtroppo c'era.

«E sono seduta su un water.» Aiuto. «Nuda.»

Uno scenario apocalittico. Come se quella spaventosa location non bastasse, me ne stavo accucciata sul cesso senza uno straccio addosso. Merda tutt'intorno. E non era finita.

«E provo a spingere... ma non riesco a...»

«A...?»

Quanto dovevo essere chiara, più di così? Veramente quella sadica non aveva capito?

«Insomma, sono bloccata. Intoppata. Stitica.»

Oddio, detto fra noi, con tutta quella cacca intorno, poco male se non mi ci mettevo pure io, ma sapevo che la psicanalisi non si accontenta di tanta faciloneria.

«E poi?» mi ha domandato Deike con qualcosa che, al microscopio, sarebbe sembrato senz'altro un sorriso.

«E poi, ci sono anche delle persone.»

«Dove?»

«Intorno a me.»

«Nella piscina?»

Oh mamma, una piscina piena di escrementi e gremita di gente? Nemmeno in un porno tedesco degli anni Settanta era concepibile una roba del genere.

«No, no, sono sul bordo!»

«E cosa fanno?»

«Ridono.» La vittima che era in me si stava svegliando.

«Ridono. Mh. Perché, secondo lei?»

Oh bella, sono a mollo nelle feci, seduta sul cesso, spingo senza risultato, probabilmente paonazza, come minimo quelli ridono.

«Non lo so. Forse perché mi odiano.»

«Lei pensa che tutti la odino?»

Adesso non esageriamo.

«No, magari non tutti. Ma penso di non piacere a nessuno.» E non solo nella situazione specifica che, chiaramente, non favoriva la socializzazione, ma in generale. Comunque, questo era il genere di risposta che rendeva felice qualsiasi psicologo, Deike compresa.

«E poi? Riesce a defecare?»

Dannatissima donna che ne sapeva una più del diavolo, sì! Sì, sì, sì! Ci riuscivo e pure tanto! Una liberazione, cacca à gogo! Questo le piaceva, lo vedevo. Il suo sguardo inflessibile lampeggiava oltre l'incipiente cataratta, oltre gli occhiali, ed esprimeva una profonda, calda soddisfazione. Evidentemente era un buon segno, un'ottima conclusione del sogno.

Tutto questo mare di merda aveva un significato profondo.

Con la depressione, la mia vita era mutata improvvisamente, violentemente, brutalmente, perché ero stata messa di fronte a una persona nuova: io.

Proprio la depressione, ancorché dolorosa e negativa, stava facendo un piccolo miracolo: mi stava cambiando. E portava con sé un tale carico di domande, di dubbi, che nemmeno se mi fossi sparata Google in vena avrei avuto tante risposte.

Sì, la depressione era un ottimo motore di *ricerca di me*.

E i sogni me lo dicevano.

Sbagliando, ho vissuto la prima parte della mia vita con un'assurda rigidità *strutturale*, con troppe certezze incrollabili, il che mi ha impedito di guardarmi in giro, di conoscere pensieri e mentalità diverse, e per troppo tempo ho considerato validi solo alcuni principi. Troppo pochi.

Ero come Grug. La nemesi: ero Grug e, ovviamente, non me ne accorgevo.

La depressione, però, con tutto il suo carico di immondizia, mi stava *liberando* e Deike era il veicolo che mi permetteva di fare questo viaggio in prima classe.

Scavando, scavando, ecco che saltavano fuori tante me stesse.

Per conoscerle dovevo assolutamente mettere a tacere la Veronica un po' antica e prefabbricata che aveva occupato il mio spazio vitale fino a quel momento.

La persona che mi aveva *abitato* fino a quel momento andava sfrattata, espulsa come gli escrementi del sogno per fare spazio ad altro.

Dovevo tassativamente liberarmi di me e tirare lo sciacquone.

Nei sogni lo facevo, perché non farlo anche nella vita?

9

Avevo un desiderio che mi tormentava: volevo un portapillole.

Era il mio sogno da quando ero piccola ma, essendo dannatamente sana, comprarne uno sarebbe stato perfettamente inutile. Cos'avrei dato per portare in borsa una di quelle scatoline vezzose e minuscole che tanta gente possedeva senza rendersi conto di quant'era fortunata. Certo, potevo comprarlo lo stesso, tanto per averlo, ma volevo che mi servisse, non che fosse l'ennesimo status symbol privo di fondamento, tipo il Rolex, la Ferrari o il Veuve Clicquot.

Mia nonna Gioconda, che ora non c'è più, era la donna più acciaccata del mondo e trangugiava una quantità di pasticche da far invidia a un tossico.

La sua borsa sembrava quella di un pusher a un rave party.

Ogni ora della sua giornata era scandita da una pastiglia, una fiala, un cachet.

Nonna Gioconda (nome poco adatto essendo lei la persona più dolente che abbia mai conosciuto), mamma di mia mamma, era una bellissima signora elegante e asmatica. Per tutti gli anni che è stata su questa terra l'ho vista tramescare nella borsetta in cerca di qualche medicinale da prendere all'ora tale. Essendo una vera fuoriclasse, sfoggiava anche una strepitosa pompetta per l'asma che le invidiavo moltissimo, ma sapevo di non poter pretendere troppo dalla vita: l'asma era appannaggio della nonna e basta, io potevo al massimo ambire al solito raffreddore stagionale. In casi eccezionali beccavo l'influenza, ma non dovevo farci la bocca perché non era affatto scontato.

Io ero sana. Sono sempre stata pietosamente sana. Un portapillole, perciò, era impensabile.

Ma ora, grazie a tutti i guai sanitari che avevo, l'embargo doveva finire.

Ora il portapillole era quasi d'obbligo.

Un luminoso pomeriggio di metà novembre, Giordana, con un sorriso soddisfatto e infantile, mi ha messo in mano un pacchetto minuscolo e io, che di motivi per sorridere ne avevo pochini, l'ho preso e scartato con meccanica gentilezza. Quando davanti ai miei occhi si è parata una scatolina di metallo affrescata con scene bucoliche e puttini rosei, la nebbia del mio cervello si è improvvisamente diradata e ho fatto un sorriso radioso. Era uno di quei sorrisi che noi depressi non facciamo mai perché non siamo più capaci, ma per l'occasione sono andata a cercarlo nella mia memoria più recondita. Quando l'ho trovato, l'ho acchiappato al volo prima che si dissolvesse e l'ho sfoderato, perché il momento era solenne.

Ragazzi, avevo un portapillole. Era meglio che avere la laurea.

Piena di macabra soddisfazione mi sono precipitata a riempirlo e ho pensato che, dopotutto, la depressione non era così brutta.

Mi sbagliavo, lo era.

Le medicine di Cordoni sembravano non servire a niente, ma sapevo che ci voleva del tempo perché il cambio di rotta della cura che stavo facendo desse dei frutti.

Avrei dovuto aspettare senza farmi prendere dal panico, ma, considerato che il panico era il mio stato d'animo abituale, calmarmi era impossibile.

Avevo parlato più e più volte con Gio dell'ipotesi Vassalli, l'argomento era stato sviscerato, affrontato e soppesato e lei si era impegnata a seguirmi passo passo (che novità, cos'aveva fatto finora se non tenermi per mano come una bambina?), certa che avremmo saputo reagire anche se la Vassalli si fosse dimostrata un buco nell'acqua.

«Non sappiamo com'è, quindi potrebbe essere bravissima. Devi provare.»

«E se sbaglia le medicine e mi ammazza?»

«Non ti ammazzerà, ce ne andremo prima.»

«Ah, beh, perfetto.»

Che dovevo fare?

Era ovvio, dovevo prendere l'appuntamento con la Vassalli, la prima psichiatra della mia vita.

Non l'ultima, purtroppo.

La Vassalli non stava a Roma, ci capitava una o due volte al mese e aveva lo studio vicinissimo a casa mia. Una pessima notizia e una buona, solo che quella buona era strettamente subordinata a quella pessima. A che serviva avere un medico a un tiro di schioppo se il suddetto, in pratica, non c'era?

Eravamo quasi a metà novembre, la dottoressa si sarebbe materializzata nella capitale intorno alla metà di dicembre; c'era poco da stare allegri, ma avrei aspettato. Almeno avevo una meta, e già quello bastava a farmi sentire un po' meglio.

L'effetto placebo, in effetti, governava la mia vita, l'ha governata per tutto il periodo nero. Il miraggio di guarire, per qualche minuto mi faceva sentire quasi sana.

Così ne approfittavo per fare il pieno di ottimismo e mi aggrappavo a una positività solida come la carta velina. Ovviamente, questi momenti bugiardi presentavano il conto nel giro di un battito di ciglia, perché percepivo immediatamente il velleitarismo delle mie speranze infondate e crollavo.

Ma prendere un appuntamento con un medico, programmare delle analisi, comprare una medicina nuova, cambiare dosi a una medicina vecchia, erano tutti eventi pro*positivi* e servivano a farmi sentire un po' meglio.

Proprio come mi capita quando sono in macchina nel mezzo di un ingorgo. Beh, l'idea di uscirne provando una strada sconosciuta mi dà un brivido di emozione. Considerato che non ho la patente, c'è sempre qualcuno alla guida che devo convincere a tentare la sorte col mio stesso entusiasmo e, considerato che spesso sono in macchina con Giordana, si creano dei siparietti *clinicamente* gustosi. Gio odia gli itinerari inventati, io li adoro.

Basta una piccola inversione e già m'immagino una strada sconosciuta, bellissima e sgombra che mi porta a destinazione mostrandomi un paesaggio nuovo, quindi interessante.

Cambiare è bello, soprattutto per la mente e crea grandi aspettative.

Mentre io penso queste cose, Giordana s'incazza perché rischiamo di sbucare in luoghi sinistri, ed essendo una pessimista con un senso di responsabilità unico al mondo, non vuole finire chissà dove. Scuole di pensiero diverse.

Fatte le dovute distinzioni fra una gitarella in macchina e la depressione, quest'ultima si è spesso giovata del medesimo meccanismo *salvifico* e, ogni volta che ho avuto in vista una *novità*, il mio cielo si è rischiarato. E sull'argomento depressione Gio, prudente con le stradine secondarie, è stata invece estremamente ardita e coraggiosa. Funambolica, oserei dire. Poi vi dirò perché, ma è roba da ultimo capitolo.

Quando ho chiamato la Vassalli mi sono trovata a portata d'orecchio una persona gentile. Le ho fatto il quadro della mia situazione e lei si è detta disponibile a incontrarmi. Non prima di un mese, però, perché sarebbe passata da Roma intorno al 20 dicembre. Ho fatto un rapido calcolo e ho pensato che avrei potuto tener duro fino ad allora, anche perché... c'era alternativa?

Cose a cui pensare, in ogni caso, ne avevo: le analisi epatiche del 14 novembre, i cambiamenti che avrebbero dovuto verificarsi grazie alla nuova cura di Cordoni. Monotematica, lo so, ma questo era il massimo che la mia mente si potesse permettere.

Uno degli aspetti penosi della depressione è proprio questo: non pensare ad altro che al proprio malanno.

Andavo al cinema e mi godevo il film per un 20% perché pensavo ai miei guai, passeggiavo e pensavo ai miei guai, lavoravo e, tra un ciak e l'altro, pensavo ai miei guai, leggevo e... no, ferma. Non leggevo. Questo era grave.

Una delle cose di cui ho sofferto di più è stata la scomparsa di un'attività che, fino ad allora, avevo praticato furiosamente: la lettura.

È lampante che non sono un'intellettuale, probabilmente non sono nemmeno una persona colta, anzi, ho buchi di conoscenza per i quali meriterei senz'altro una nota sul registro, ma non mi beccherete mai senza un libro nella borsa perché quello con la lettura è uno dei rapporti più intensi che ho.

Fino a tredici, quattordici anni sono stata una bestia assoluta. Un fagotto d'ignoranza. Mia madre faceva di tutto perché mettessi un piede in una libreria, ma io ero una creatura neanderthaliana dedita a qualunque attività purché non fosse sfogliare un oggetto di carta con molte pagine, delle parole stampate sopra, una copertina rigida e un titolo.

Facevo un'eccezione solo per *Geppo*, il diavolo buono, un fumetto che mi piaceva da pazzi. Era l'unica forma di letteratura che frequentavo con assidua fedeltà. L'uscita del nuovo *Geppo* in edicola era l'evento che determinava il mio personale inizio di settimana, tutto partiva da lì.

Geppo, il mio mentore.

Ma, mentre mia sorella consultava Nietzsche come fosse il *Manuale delle Giovani Marmotte*, per me la lettura *vera* era tabù. Leggere travalicava il mio orizzonte.

Non a caso mio nonno, che era linguista e autore di svariati dizionari, mi diceva spesso, con un sorriso dolce e definitivo guardandomi negli occhi: "Tu ignori".

Adoravo la sua spietata lucidità. Eravamo amici, era un uomo molto spiritoso e pungente, e amava questa nipote incolta che la sorte gli aveva regalato.

"Tu ignori" e giù a ridere tutti e due.

A proposito di ciò, l'unico libro che mia madre, sudando sette camicie, era riuscita a comprarmi e a farmi leggere da adolescente, era la storia tragica di una bambina che, maltrattata in famiglia, andava a vivere con un vecchio povero in canna che faceva il lampionaio, che l'accudiva e poi (ovviamente) moriva lasciandola sola. Bestiale.

L'avevo scelto io, l'avevo visto nella vetrina di una libreria e l'avevo voluto a tutti i costi, non si capisce perché. Per la copertina forse? C'era una ragazzetta con l'aria afflitta e un vestito rattoppato che ti guardava negli occhi mentre un vecchietto rachitico sullo sfondo accendeva un lampione nella notte. Una cosa turpe. Ma mi attirava e mia mamma, purché leggessi qualcosa, me l'aveva comprato.

Il lampionaio, me lo ricordo ancora.

E ricordo mia madre che, guardandolo un po' schifata, mi aveva chiesto: "Vuoi il libro con la bambina che piange?" e aveva guadagnato la cassa a grandi falcate prima che ritornassi sui miei passi e decidessi di non leggere nemmeno quello.

Beh, quel cazzo di libro me lo sono letto almeno cinque volte di seguito. Forse dieci. Ero impazzita, mi piaceva la bambina piagnona, mi piaceva che il papà e la mamma la maltrattassero, mi piaceva il lampionaio sfigato che moriva, mi piaceva quell'atmosfera tra Douglas Sirk e Raffaello Matarazzo (due giganti, ben inteso) che mi catturava emotivamente. Mah.

Oltre *Il lampionaio,* però, non andavo.

Bisognava arrivare ai miei sedici anni perché, non so come, forse per imitazione di mia madre e mia sorella, venissi catturata dal demone de *I Buddenbrook, decadenza di una famiglia* e prendesse il volo quell'attività di lettrice che tuttora svolgo freneticamente.

E lì, per inciso, mia madre aveva tirato un sospiro di sollievo rendendosi conto che, se persino io avevo cominciato a leggere, c'era speranza per tutti.

La fetentissima depressione mi ha strappato alla lettura come la morte aveva strappato il lampionaio ai suoi lampioni. Bruscamente.

Leggere mi distraeva, e io non volevo distrarmi. Odiavo quel senso di straniamento perché sapevo che al più presto sarei stata di nuovo rinchiusa nei miei panni angusti. Se leggevo sognavo, ed è meglio non sognare quando la tua vita è un incubo.

Niente da fare, ci voleva la Vassalli.

La visita del 20 dicembre, però, è saltata. Una segretaria gentilissima mi trafiggeva da parte a parte dicendomi che la dottoressa non poteva venire a Roma per problemi sorti all'ultimo momento nella clinica dove lavorava.

«Se vuole fissiamo un appuntamento per...»

Palpitavo.

«... per il 10 gennaio.»

Sono morta, ma sono risorta in tempo per bisbigliare: «Ma è fra... quasi... un mese».

«La dottoressa si scusa moltissimo ma purtroppo è trattenuta alla clinica bla, bla, bla...»

Che cazzo dovevo fare? Intanto prendere l'appuntamento, poi avrei chiamato subito Giordana per dirle la bella novità.

«Allora d'accordo, mi fissi l'appuntamento per il 10 gennaio.»

«Come vuole signora. La dottoressa l'aspetta il 10 allo studio bla, bla, bla e si scusa ancora per il bla, bla, bla, bla. Arrivederci, bla.»

Bleah. Avevo davanti un mese allo sbando che prevedeva un nonnulla come il Natale con relative vacanze e relazioni familiari. Uno scenario che nemmeno Rutger Hauer replicante avrebbe saputo affrontare. Barcollavo.

Entravo nel 2003 con un tale bagaglio di sfiga che ne avrei potuta distribuire a parenti e amici avanzandone un bel po' per me.

Unica nota decente, le analisi del 14 novembre avevano dato risultati abbastanza positivi. La mia funzione epatica era dignitosa e l'emocromo rivelava che i valori tiroidei si stavano sensibilmente regolando. In teoria erano buone nuove, anche se estremamente volatili. Ciò che mi affliggeva però, come avrà capito anche il più zuccone dei lettori, era la testa, che somigliava sempre più a una pattumiera.

Come nei film degli anni Cinquanta, in cui i fogli del calendario si staccano e volano via per indicare il passaggio di tempo, sorvolerò rapidamente sulle nuove analisi del mese di dicembre, sul Natale trascorso in apnea coi miei familiari che avevo ammorbato riservando loro tutta la mia angoscia, sui treni Roma-Milano, Milano-Roma presi per *festeggiare* tutti insieme, sulla difficoltà di spiegare i miei mali e arrivo rapidamente all'esausto, ma benedetto, inizio del nuovo 2003.

Poche balle, di lì a dieci giorni avrei incontrato la Vassalli, questo era un bene. L'avevo aspettata tanto che me l'immaginavo operativa come quella tipa grassoccia con la palandrana azzurra che, in quattro e quattr'otto trasformava i topi in cavalli e le zucche in carrozze.

Invece era una signora lavata a secco coi capelli scuri e i modi educati. Per niente fiabesca.

Alla visita sono andata da sola, Gio non è venuta. Voleva che fossi libera di raccontare tutto senza inibizioni e, per quanto non avessi segreti di sorta, ho obbedito. Cupa come un becchino ho guadagnato il portone della Vassalli scuotendolo con una lugubre scampanellata.

Lei era abbastanza giovane, gentile e un po' amorfa. Sembrava la segretaria di qualche pezzo grosso abituata a portargli il caffè, nascondere le magagne amministrative, coprire le scappatelle e farsi maltrattare perché era incluso nello stipendio.

Ma non volevo farmi fregare dalle prime impressioni, perciò le ho raccontato tutto. Era la centesima volta che lo facevo, non ne potevo più.

Non c'è niente di più frustrante che raccontare uno stato doloroso come se fosse routine. Mentre illustravo le ragioni per cui ero mortalmente infelice mi accorgevo che il mio tono sembrava quello delle telefoniste dei film degli anni Quaranta. Monotono.

La Vassalli mi ha ascoltato. Ha sorriso un certo numero di volte, è intervenuta con domande e interiezioni e mi ha prescritto Zoloft, Depakin ed En.

Grazie e arrivederci.

Forzandomi all'entusiasmo sono andata subito da Giordana per raccontarle l'accaduto e mi sono ritrovata a non riuscire a dirle quasi niente. La visita era avvenuta, la dottoressa esisteva, le medicine le avevo comprate: tutto provava che quel pomeriggio ero stata da una psichiatra, eppure mi pareva di no.

La Vassalli era una persona normale, né più né meno, e questo era un vantaggio. Tanto per cominciare non dovevo fare con lei una gara di popolarità, né un braccio di ferro social/culturale col suo sapere perché non era affetta dalla sindrome *lei non sa chi sono io*. Era una dottoressa *diligente* che affrontava *diligentemente* il problema che le veniva sottoposto.

Come potevo lamentarmi?

Ciononostante, il tarlo dell'inquietudine mi zampettava nel cervello sibilando sospetti che, in una parte recondita ma accogliente del mio emisfero destro, trovavano spazio.

La mancanza di una qualche scintilla nell'occhio della Vassalli mi insospettiva e m'impediva di stare veramente tranquilla, ma allo stesso tempo capivo che, prima di tutto, dovevo fare la cura che mi aveva prescritto. Poi avrei potuto trarre le mie conclusioni sul suo apparente amorfismo.

Mi aveva dato il suo recapito in caso che le medicine avessero presentato degli effetti collaterali. Era partita soft, giustamente.

Così, ho incominciato a divorare antidepressivi con la stessa nonchalance con cui Bukowski si faceva una birretta, sperando che mi facessero effetto al più presto per chiudere la questione e buonanotte.

Per un po' ho ingerito Zoloft e Depakin, Zoloft e Depakin, Zoloft e Depakin.

Nessun effetto collaterale. Potevo continuare.

Zoloft e Depakin, Zoloft e Depakin, Zoloft e Depakin... Intanto, la mia vita fluiva fresca e luminosa come le acque di scolo della rete fognaria cittadina.

10

25 gennaio 2003: Cordoni mi visita, mi fa le solite analisi e decide che faccio schifo. Stiamo al punto di partenza. Nonostante le cure, la mia tiroide sbrocca continuamente, non ce la fa a stare in bolla.

Così non riusciremo mai a controllarla, scatta perciò l'opzione numero due: lo iodio radioattivo. Oh cazzo. Quando?

«A me andrebbe bene il 4 febbraio, a lei?»

Io e Gio eravamo sedute di fronte all'esimio, mute e stupite. Pensavamo proprio di averla sfangata. Invece nisba, lo iodio ci attendeva a braccia aperte.

La serie che stavo girando era finita, almeno per me che avevo esaurito tutte le pose, altri lavori in vista non ne avevo. Ok per il 4 febbraio.

Il mio compleanno sarebbe stato il 19, avrei compiuto trentotto anni senza tiroide, un modo nuovo di festeggiare.

La delusione dell'inefficacia delle cure (sulla quale lo stesso Cordoni ci aveva più volte messo in guardia) è durata una quindicina di secondi, dopodiché io e Gio abbiamo salutato la possibilità di un restyling del mio gozzo come qualcosa di estremamente positivo.

Ma sì, e che cazzo! Con quella mannaia purificatrice tutto sarebbe ripartito da zero, pronto a funzionare alla perfezione come un cucù svizzero.

Non dimentichiamoci che stavo prendendo anche gli antidepressivi (per il momento, stranamente, abbastanza innocui, mi davano solo un po' di ottundimento) e che continuavo ad andare dalla psicologa, quindi ero sotto controllo da tutti i punti di vista.

Su di me era concentrata un'azione combinata che manco al Pentagono.

... 26, 27, 28, 29, 30, 31, 1, 2, 3.

3 febbraio.

Era quasi un mese che il mio stomaco incamerava antidepressivi e i risultati, ora, si vedevano: ero una larva.

Sulle prime i farmaci si erano comportati abbastanza bene. L'orizzonte si era lievemente rischiarato e l'alba di un domani decente, se non migliore, aveva fatto timidamente capolino. Poi, non so perché, una bruma da romanzo inglese dell'Ottocento mi aveva avvolto come un bozzolo. E da lì non schiodava manco morta.

Con un inarrestabile stile valanga, le medicine avevano fatto effetto tutte insieme, mi erano scoppiate nel cervello come il gran finale dei fuochi d'artificio, con meno rumore ma con la stessa prepotenza.

C'era un ingorgo di antidepressivi dentro di me che, non solo non mi tirava su, ma mi neutralizzava.

Va bene che dovevo tenere a bada l'angoscia, ma con quello stato d'animo non avrei reagito nemmeno se mi avessero divelto le rotule a bastonate.

Giordana, quando non lavorava, passava il tempo davanti al computer facendo ricerche sugli psicofarmaci e trovava tutto e il contrario di tutto. Era un argomento che conosceva bene, ma voleva approfondire. Voleva capire.

Quante serate abbiamo passato nel suo studio mentre lei grattugiava quel povero mouse avanti e indietro e lo schermo s'illuminava di Neurotrasmettitori, Serotonina e Inibitori Selettivi.

Tutto quello che ricordo di quei momenti è il buio fuori dalla finestra, Gio che mi traduce il complicatissimo linguaggio medico e il mio totale disinteresse per tutto.

Sembravo i matti dei film.

Me ne stavo lì, avvolta nel leggendario golf grigio e tentavo inutilmente di fare amicizia con gli ADT, gli SSRI e gli I-MAO, che non erano manga giapponesi, ma psicofarmaci.

La cura che stavo facendo era sbagliata? Era un problema di dosaggi? Ero refrattaria agli antidepressivi? La cura era giusta e io ero pazza? Ero già morta e non lo sapevo?

Con questo bagaglio di domande, il 3 febbraio, io e Giordana siamo partite per la casa di cura Santa Rosalia bla, bla, bla, nella località tal dei tali, per sottoporci... ops, perché *io* mi sottoponessi alla terapia radiometabolica che doveva fare il miracolo.

Alle due del pomeriggio la Peugeot rossa e scassata di Gio imboccava l'Aurelia alla conquista della mia guarigione mentre... *clic*... Marco Pannella diceva la sua dai microfoni di Radio Radicale.

Tutto sommato, nonostante fossi vivace come Pisolo dopo un Tavor, quella spedizione mi entusiasmava. L'idea di viaggiare verso la guarigione mi pareva strepitosamente simbolica e inevitabilmente efficace.

E poi quel pomeriggio c'era un sole bellissimo.

Mentre Giordana mi stordiva con una diretta radiofonica dal Parlamento, io mi concentravo sui campi coltivati che mi sfilavano sotto gli occhi, sulla luce dell'inverno che calava velocemente e sulla speranza di guarire e di scordare tutto quello che era successo negli ultimi nove mesi. Ero molto stanca.

Alla Camera si votava non so cosa, i deputati facevano le loro considerazioni mentre Gio seguiva il dibattito con un'attenzione che solo la politica e Diana Krall riescono a strapparle.

Campi, tramonto, guardrail, paesini, sonno, guardrail, campi, campi, guardrail, sonno... sonno. Sonno.

Quando mi sono svegliata ancora campi, buio e Radio Radicale che, per la quarta ora consecutiva, ci raccontava splendori e miserie d'Italia. E Giordana, fresca come una rosa, che annuiva alle osservazioni di un illustre economista.

Poi, verso sera, la casa di cura Santa Rosalia. Molto bella.

Un cancellone ci ha invitato a entrare e la Peugeot scassata non se l'è fatto dire due volte.

Mi sono registrata alla reception e ho chiesto una camera a due letti, non mi andava di rimanere sola la notte prima dell'intervento. Ci hanno accompagnate al piano di sopra: la camera era linda, bianca e acciaio.

Poi siamo rimaste sole.

Molto sole.

Era quasi ora di cena, avevamo fame e ci siamo infilate in un ristorante molto carino dove abbiamo mangiato un sacco di roba a base di pesce.

Sembrerà strano, ma quella cena ha compiuto il miracolo che mesi di psicoterapia e derrate di pastiglie non avevano saputo fare.

Io e Gio sghignazzavamo in continuazione, eravamo contente, leggere e affamate. Dicevamo stronzate e ridevamo come a scuola.

La nebbia dei mesi precedenti si era dissolta, il muso di poche ore prima non esisteva più: ero spensierata. Non ho mai capito il perché di quell'oasi temporale di beatitudine, ma mi sono goduta ogni secondo.

Avrei dovuto essere tesa, magari nervosa, impaurita. Tutto sommato stavo facendo un passo importante per la mia salute e sapevo che dal giorno dopo avrei avuto altre preoccupazioni. Invece magnavo e ridevo senza ritegno.

Finita la cena siamo tornate alla clinica, siamo entrate nella nostra camera e ci siamo infilate ciascuna nel proprio lettino. Mi sentivo molto *Teresa Venerdì*, era una surreale situazione da collegio femminile. Fantastica!

Per un istante ho temuto di sognare qualcosa di sgradevole che potesse rovinare quell'atmosfera limpida e innocente, ma le mie preoccupazioni si sono dissolte nel sonno che stava arrivando.

In effetti quella notte ho sognato.

Ero su un prato verde fino all'eccesso e il cielo era azzurro. *Troppo azzurro,* come dice la canzone. A un certo punto alzavo lo sguardo e vedevo Harpo, il mio barboncino, che volava. Guardava avanti coi suoi occhi nerissimi e luminosi e planava con le orecchie. Era la prima volta da mesi che un sogno non aveva un retrogusto angosciante, un doppiofondo sinistro. Harpo svolazzava spinto da un refolo in un posto assolutamente sereno: prato e cielo. E mi sorrideva.

4 febbraio.

Cordoni e il suo aiutante sembravano due palombari. Tutti impacchettati con camici, copricapo, guanti, mascherine, pronti a rifilarmi la pasticca magica.

Iodio 131-I (555 MBq).

Mi hanno fatta entrare in uno stanzino molto piccolo preceduto da un'anticamera *isolante.* Sulla porta c'era il simbolo della radioattività. Incoraggiante.

Mi sentivo Jane Fonda in *Sindrome çinese,* anche se lei era molto più bella.

Giordana mi guardava al di là di un vetro, era ovviamente preoccupata. Io non lo ero affatto, ma la vedevo fissare i due dottori intabarrati.

Sono sicura che quello che ricordo è parziale e inesatto, ma la sensazione di essere all'ultimo quarto d'ora di un film catastrofico era quella che provavo in quel momento.

Io isolata, i dottori incappucciati come due Durex, Giordana con l'occhio sbarrato e il via vai di fiale bastavano a ricreare l'atmosfera dell'incubo di Gregory Peck in *Io ti salverò* con le perfette e inquietanti scenografie di Salvador Dalì.

Esagero? Senza dubbio, ma la memoria gioca brutti scherzi a tutte le età, perciò...

L'aiutante di Cordoni mi ha dato una fiala con dentro una pastiglia e mi ha detto di ingoiarla.

Che cacchio, era pericoloso persino toccarla? Chissà averla nello stomaco!

Sapevo di essere in buone mani, ma i guanti che le ricoprivano mi facevano capire che la questione era di un certo peso.

Il tipo è uscito dalla stanzina e mi ha chiuso dentro. Attraverso un interfono Cordoni mi ha detto di mandar giù la pastiglia e io ho obbedito. Mi sono attaccata alla fialetta e la pallottola di iodio radioattivo è rimbalzata sulla lingua tuffandosi in gola.

E lì si è incastrata. Era gigantesca. In una frazione di secondo ho visto scorrere la mia vita e ho fatto testamento. Quel gomitolo non andava né su né giù. Che morte cretina. Mi sono concentrata, ho deglutito con la forza di un ruminante e quella cazzo di anguria è scesa. Penso che sia arrivata nello stomaco per direttissima, saltando tutti gli stadi intermedi.

«Abbiamo finito.»

Abbiamo finito? Ma come, dopo tutto 'sto travaglio dovevo levare le tende e avanti un altro? Io mi aspettavo di stare in osservazione almeno quattro ore sotto un'incubatrice gigante intorno alla quale una dozzina di medici coi baffoni e il pince-nez avrebbero disquisito sull'opportunità di esibirmi nelle università o di sezionarmi su un tavolo operatorio.

Niente *Lezione di anatomia* alla Rembrandt? Niente *Zoo di Venere* alla Greenaway? Nessuno voleva monitorare la mia risurrezione o il mio disfacimento progressivo?

No, nessuno. Dovevo andare a casa senza farla tanto lunga.

Cordoni si stava già togliendo il camice.

Il suo aiutante è venuto a prelevarmi, mi ha aperto la porta (chiusa da una maniglia a pressione che non avrebbe sfigurato in un sottomarino) e sono uscita.

Non ricordo più se ho attraversato altre stanze per rientrare nel mondo dei vivi, so solo che a un certo punto mi sono ritrovata vicino al mio dottore che mi guardava e sorrideva.

Forse perché ero diventata fosforescente? Ormai ero radioattiva, poteva succedere. O magari potevo accendere le lampadine con un rutto, o sminuzzare le verdure tipo julienne coi denti.

Ho visto Giordana nelle retrovie che mi guardava con un sorriso così fisso che per un istante ho pensato che fosse una sua fotografia. Poi si è mossa e ho capito che era proprio lei. Chissà cosa si agitava nella sua testa.

Io stavo benissimo, soprattutto perché ero riuscita a non morire soffocata.

Essere radioattiva mi inorgogliva, mica era da tutti! Mi sono chiesta che cosa sarebbe successo se in quel momento avessi fatto una scoreggia, ma ho preferito non esternare il mio dubbio ai dottori.

Così, ho prelevato Giordana e siamo tornate nella nostra stanza a raccattare le nostre cose.

Si tornava a casa.

Cordoni, sulla soglia della clinica Santa Rosalia, mi ha riassunto brevemente ciò che sarebbe capitato nel mio prossimo futuro.

Dall'8 febbraio avrei dovuto cominciare ad assumere quantità variabili di Deltacortene e di Ranidil per un bel periodo, mentre dall'indomani, 5 febbraio, mi aspettava un menu a base di Carbolithium da spalmare nei successivi quindici giorni.

Indi, sarei inevitabilmente tornata ipotiroidea (sai che gioia per l'umore!) e avrei iniziato a prendere l'Eutirox (questa volta non a caso come mi aveva prescritto Tognetti). Poi, avrei dovuto pazientare finché il mio TSH, il mio FT3 e il mio FT4 non fossero tornati in perfetto equilibrio. Tempo stabilito: *q/b*.

Da lì a quarantacinque giorni avrei dovuto fare delle nuove analisi per vedere cos'avesse combinato la polpetta di radioiodio che avevo ingurgitato.

«E ovviamente si ricordi di non avvicinare neonati e donne incinte. Tra parentesi, la sua amica è incinta?»

Ho guardato Giordana. «Chi? Lei?»

Lui ha annuito. Non credevo alle mie orecchie. Ma santo Cordoni, se fosse stata incinta le avrei chiesto di accompagnarmi al Festival della Radioattività? Facevo prima a incenerirla direttamente a casa.

«No dottore.»

«Bene. Riassumendo: faccia la pipì nel deserto e tiri l'acqua cinquanta volte, mangi isolata e poi butti piatti, bicchieri, posate e tovaglioli nell'oceano dopo averli conservati in un forziere sulla luna per sette giorni, non sbuffi in faccia al prossimo suo, controlli gli sfinteri, magari se li incolli che è più sicuro, non scopi mai più e bruci letto e lenzuola dopo che ci ha dormito. E non tocchi nessuno, lei è infetta!» Fine delle raccomandazioni.

Col mio paniere con vino e focaccia per la nonna e la mantellina sulle spalle come Cappuccetto Rosso, ho salutato Cordoni sulla soglia e mi sono avviata insieme a Giordana verso la Peugeot scassata.

Dei fratelli Grimm, però, nemmeno l'ombra.

In macchina mi sono seduta dietro per non banfare addosso a Gio la mia neonata radioattività. Ovviamente viaggiavamo coi finestrini aperti.

Era il 4 di febbraio e stavamo a meno due, ma preferivamo che la macchina non diventasse una *new* Chernobyl.

E poi c'era sempre Radio Radicale a farci compagnia. L'ennesima votazione alla Camera dei deputati. Quanto votavano 'sti deputati! Io avevo fatto in tempo a partire, farmi fare il trattamento Nagasaki, tornare, e quelli stavano sempre lì a schiacciare pulsanti come al Rischiatutto.

The Show Must Go On.

11

Dovevo fare pipì.

Tutti mi avevano raccomandato di bere molto per eliminare al più presto le scorie radioattive, indi, avevo bevuto.

Ora stavo esplodendo, ma 'sto fatto della radioattività mi inibiva.

Non tocchi qui, non tocchi là, non dica quello, non faccia quell'altro... Questo vademecum di proibizioni mi martellava nel cervello e mi faceva sentire responsabile dell'ipotetica estinzione del genere umano.

AUTOGRILL DISINTEGRATO DA DEFLAGRAZIONE NUCLEARE SULL'AURELIA. NON SI CONOSCONO LE CAUSE DEL DISASTRO. INTERPELLATO IL CERN. IL DIRETTORE: "SONO SBIGOTTITO".

Era quello che temevo potesse succedere se fossi andata in bagno, ma non potevo tergiversare ulteriormente, mi scappava. Così, al primo autogrill ho chiesto a Giordana di fermarsi.

Sono scesa dalla macchina e sono entrata in tutta fretta. Appena dentro mi sono bloccata: stavo per riempire il pianeta di spurgo velenoso. Era lecito?

Mi sono guardata intorno e ho visto una marea di gente che masticava panini, beveva cappuccini, comprava pupazzi, salami e CD. Ovunque mi girassi c'erano famigliole. Un'invasione. Mi sentivo un kamikaze.

Nessuna delle persone presenti poteva immaginare che se le avessi starnutito addosso l'avrei incenerita. Che fare?

Ho individuato il cartello luminoso con l'omino e la donnina stilizzati che indicavano il WC, la mia salvezza. Ma continuavo a sentirmi come un pidocchio in un asilo: colpevole di strage.

Perciò, ho girato i tacchi nel momento esatto in cui una nonna mi si avvicinava con il nipotino in braccio puntandomi il dito contro con un sorriso radioso.

«Guarda Edoardo! È lei, l'hai riconosciuta? È la signorina che sta in TV!»

Ovviamente Edoardo non mi aveva riconosciuto perché era totalmente assorbito dall'attività che stava svolgendo in quel momento: sbavare. Considerato che avrà avuto al massimo un anno, era naturale; probabilmente aveva appena messo i laterali superiori e si accingeva a completare il gruppo incisale in attesa di buttar fuori i molari di lì a pochi mesi. Che gliene fregava di me? Ero al massimo una nebulosa che si agitava in TV davanti alla pappa che biascicava ogni sera sul suo seggiolone.

Ma la vecchia non mollava e, ficcandosi il nipote sotto l'ascella come un pallone da rugby era decisissima ad andare in meta.

«Scusi!»

Oddio, mi seguiva.

«SCUSI!» era perentoria e velatamente aggressiva. «Lei è quella che fa *Commesse*? Quella che fa *Sanremo*? Com'è che si chiama? È la Pivetti? È LEI?»

A grandi falcate sono uscita dall'autogrill e ho guadagnato la Peugeot rossa e scassata mentre Gio stava controllando una cartina stradale. Mi ha guardato con due occhi così quando ho spalancato la portiera posteriore, mi sono fiondata al mio posto e ho strillato: «*Parti! Parti!*».

Giordana ha ripiegato la cartina in fretta e mi ha chiesto: «Che cosa succede?».

«C'è una vecchia che mi segue.»

«Una vecchia che ti segue?»

«Sì, con un bambino!»
«Con un bambino? Oddio, ma cosa vuole?»
«Un autografo, credo.»
«Beh, faglielo.»
«Sì, così poi il bambino diventa deforme ed è colpa mia!»
«Ma com'è 'sto bambino?»
«È un semi-neonato.»
«Oh Madonna, allora no, per carità!» e, istintivamente, ha accelerato immettendosi velocemente sull'Aurelia. Poi ha indagato: «Ma hai fatto pipì?».
«No.»
«Oh, cazzo e come si fa?»
«E che ne so?»
«Ci fermiamo al prossimo» ha detto per rassicurarmi.
«Per forza.»
Un minuto di silenzio.
«Ma il bambino l'hai toccato?»
«Ma sei pazza?»
«Ah, ecco. Meno male.»

AREA DI SERVIZIO 2 KM. Più che un cartello un miraggio.
Ero in grande difficoltà, non potevo muovere un muscolo, mi scappava ferocemente.
«Dài che ci siamo» mi ha rassicurato Giordana.
«Mh.»
«Solo due chilometri.»
«Mh.»
«Ce la fai?»
«Mh.»
Ce la dovevo fare.
Mi ero già trovata in una situazione del genere, tempo prima, e non era andata bene.
Ero in macchina col mio ex marito. Un ingorgo epocale: non si andava né avanti né indietro. Macchine immobili ovunque. Mi scappava.
Avevamo in macchina un barattolo vuoto di yogurt da mezzo chilo.

So che avete già capito.

Ho schermato tutti i finestrini con parei e stracci vari e ho fatto quello che dovevo, accucciata come un feto davanti al mio sedile.

Ovviamente la confezione era troppo piccola e bloccarmi era impossibile. Mentre il mio ex marito sbraitava, il vasetto tracimava e io mi dolevo della situazione disgustosa che stavo creando.

Tanto più che l'ingorgo è durato parecchie ore e il tappetino allagato ci ha fatto compagnia per tutto il viaggio.

Questo è solo uno degli aneddoti che getta una luce chiarificatrice sul mio divorzio.

Questa volta non volevo bissare l'esperienza dello yogurt, anche perché era inverno, c'erano due gradi, e inzupparmi gli stivali era escluso.

AREA DI SERVIZIO 1 KM.

«Come va?»

«Mh.» Non potevo permettermi di spiegare, avrei mosso troppi muscoli e l'effetto sarebbe stato disastroso.

AREA DI SERVIZIO 500 METRI.

Meno male.

Meno male un corno.

Quel parallelepipedo scrostato che si ergeva fra le brume era un'area di servizio? Per carità, non è che ci dovessi fare chissà che, però...

Giordana ha accostato e io sono scesa molto lentamente perché qualunque movimento rapido avrebbe rotto gli argini.

Come Frugolina, la bambola che gattona e cammina, ho mosso dei passetti verso il parallelepipedo. Era un blocco di cemento senza porte e finestre, ma a me bastava che avesse un buco nel pavimento da riempire con una dozzina di litri e pace. C'era una porticina di legno con un foglio di carta appiccicato con lo scotch e con la scritta WC. Ero a cavallo.

Sono entrata e ho visto che c'era effettivamente un buco nel pavimento e nient'altro. Portava certamente al centro della terra.

Probabilmente, di lì a pochi minuti, un coltivatore cinese che stava arando il suo campo di soia avrebbe notato uno zampillo fuoriuscire dal terreno senza capire di che si trattasse.

Stavo già slacciandomi i pantaloni quando ho visto che lo sciacquone era rotto. Avrei dovuto capirlo dalla puzza bestiale che c'era, ma la possibilità di svuotare quella zampogna che era la mia vescica mi aveva obnubilato i sensi.

Niente sciacquone, niente pipì, Cordoni era stato chiaro.

Non avrei mai potuto infettare un luogo già sufficientemente disastrato, lasciando a fermentare per giorni urina radioattiva.

Volevo piangere.

Sempre più lentamente ho riguadagnato la Peugeot rossa di Gio. Lei stava scendendo in quel momento.

«Mi sa che la faccio anch'io» ha cinguettato ignara, e poi ha aggiunto: «Perché hai quella faccia?».

Le ho spiegato perché avessi quella faccia e lei, solidale come solo una vera amica può essere, è rimontata in macchina.

«Ma tu mica sei radioattiva, tutt'al più gliela lasci lì e buona notte. Se non riparano 'sto cazzo di posto è colpa loro, mica tua.»

«O insieme o niente» mi ha risposto con uno slancio eroico degno del Corsaro Nero.

Siamo risalite in macchina, mi sono piazzata dietro e Gio ha messo in moto, mentre io meditavo di sporgere il sedere fuori dal finestrino e di risolverla una volta per tutte.

Se è vero che il buongiorno si vede dal mattino, questo iodio radioattivo mi stava già creando non pochi problemi.

Giordana guidava e faceva alcune considerazioni.

Era rimasta molto impressionata dal rito del pasticcone e si domandava (con ragione, in verità, ma anche con quel pessimismo innato che la contraddistingue) cosa sarebbe successo se la gente non si fosse attenuta alle regole che il radioiodio richiedeva.

Quante persone rispettavano veramente le misure precauzionali suggerite da Cordoni per non *inquinare* il prossimo e l'ambiente? Quanta gente avrebbe fatto la pipì in quel buco maleodorante senza sciacquone strafottendosene delle conseguenze? Quanti avrebbero preso un cappuccino all'autogrill attaccando la bocca infetta a una tazza che avrebbe subito un lavaggio tradizionale, mentre noi sapevamo benissimo che chi stava messo come me avrebbe dovuto bere e mangiare in piatti di carta da buttare lontano dai rifiuti *comuni*?

Secondo Gio era un miracolo che esistesse ancora la vita sulla terra, certa com'era che il mondo fosse pieno di monatti radioiodizzati che spargevano il contagio come gli appestati manzoniani.

In tutto ciò, io necessitavo di un water.

Quando un tetto rosso è comparso all'orizzonte abbiamo capito che stava per materializzarsi davanti ai nostri occhi un altro autogrill.

Se anche ci fosse stata un'invasione di *rattus sordidus* della Nuova Guinea sarei entrata in bagno e avrei pisciato, a costo di far disinfestare il locale a mie spese.

Abbiamo parcheggiato, siamo scese e siamo andate sparate verso i cessi. Perfetti. Lindi. Invitanti.

Infatti c'era una fila eterna. Vagheggiavo un catetere vescicale.

Io e Gio ci siamo messe diligentemente in coda e abbiamo aspettato. Io stavo molto attenta a non sfiorare niente e nessuno, preoccupatissima di spargere il contagio.

C'erano almeno dieci bagni, ma ne funzionavano due. Otto giacevano inutilizzati ed ermeticamente chiusi. Normale amministrazione.

Sentivo sbattere delle porte, ma non vedevo entrare né uscire nessuno. Una lunga fila di signore affrante si snodava come un serpente oltre la zona lavandini, fin quasi sul piazzale.

Ancora sbattere di porte e nessuno che si muoveva.

Poi ho capito che le porte che sbattevano erano nel WC degli uomini.

In un secondo ho fatto dietrofront e, con estrema nonchalance, mi sono infilata nel bagno dei maschi dribblando un gruppetto di signori che si lavava le mani e si asciugava ai portarotoli a parete.

Finalmente, l'ho fatta. In una turca, ma chi se ne frega.

Mentre fuori imbruniva, io stavo ancora accucciata.

Quando sono uscita, Giordana era alla pompa del gasolio e stava facendo il pieno.

Con un sorrisino indifeso sono salita in macchina.

«Tutto bene?» mi ha chiesto.

«Sì» le ho risposto, e credo di non essere mai stata così sincera in vita mia.

«Quanto ti devo?» le ho domandato indicando il carburante.

«Non ti preoccupare, facciamo poi quando arriviamo a casa.»

«Ok.»

Fatto il pieno siamo ripartite e la Peugeot rossa e scassata ha ripreso la sua strada canticchiando.

Il resto del viaggio è filato via liscio perché ho dormito sempre. Gio era in buona compagnia: Radio Radicale trasmetteva una diretta dal Senato.

Quando siamo arrivate a Roma ero molle come una cucchiaiata di polenta.

Evidentemente l'effetto dell'operazione si stava facendo sentire. Avevo mal di gola ed ero stanchissima e Gio mi ha invitato a riposare sul suo divano in attesa dell'ora di cena.

«Dormi un po', poi mangiamo qualcosa e vai a casa.»

Mi sono sdraiata sul divano e ho dormito fino alle undici della mattina dopo.

Quando mi sono svegliata ero ancora stanchissima e ho dormito tutto il giorno. Il giorno dopo ero ancora più stanca, quello dopo, più stanca del precedente.

Dal giorno dopo l'operazione mi sono trascinata ciondolando come una tossica. Il collo mi faceva un male cane e pensavo con afflato solidale a Maria Antonietta e al suo ultimo periodo, il meno divertente.

Il grosso problema era che lo scossone dell'operazione andava a intaccare un fisico e una psiche che non avrebbero trovato un acquirente nemmeno nei saldi al 70%. Ero già talmente malmessa, che questo colpo di grazia mi stroncava definitivamente.

Dovevo fare i conti con due nuovi nemici: la mia abulia e l'isolamento.

Giordana, vedendomi vacillare di qua e di là senza costrutto, ha deciso che mi sarei trasferita da lei in pianta stabile.

«Ma con tutti i casini che c'ho diventa un inferno. Devo mangiare separata da te, dormire in una zona isolata, ripulire tutto quello che tocco, attaccarmi allo sciacquone a ripetizione... pensa che casino!»

«Non me ne importa niente. Non puoi stare a casa da sola. Capace che ti addormenti oggi e ti svegli tra quindici giorni digiuna e disidratata giusto per esalare l'ultimo respiro. Adesso ci organizziamo.»

Così, ci siamo organizzate.

O meglio, mi ha organizzato lei. Ha comprato le stoviglie di plastica, mi ha allestito un lettino di fortuna nel suo studio e ha procurato alcuni secchi da riempire d'acqua ogni volta che andavo al cesso. Lo sciacquone ci metteva una vita a ricaricarsi, senza secchi avrei passato la giornata davanti al water a schiacciare il pulsante.

Così, vivevo come nel finale di *E.T. L'extraterrestre*: sotto vuoto.

Per non fare danni tenevo alla larga anche i cani, ma non era facile.

Mi addormentavo e mi svegliavo. Mi addormentavo e mi svegliavo. Mi addormentavo e mi svegliavo... queste erano le mie giornate, questa era la mia unica attività. Una pena. Ero triste da morire e non riuscivo a tenere gli occhi aperti.

Il 14 febbraio avevo appuntamento con la psichiatra. Dovevo ragguagliarla sugli effetti degli antidepressivi che continuavo a prendere e raccontarle dell'operazione radioiodio.

Anche quel giorno ho constatato con una fitta dolorosa che la Vassalli non aveva proprio il *phisique du role* della psichiatra. Sembrava sempre la segretaria di qualcuno, ma mai quel "qualcuno". Era gentile, educata, ma non aveva autorità. E mi pareva pure che con 'sti antidepressivi andasse un po' a tentoni.

Ciononostante, mi sono piazzata davanti alla sua scrivania e ho cominciato a parlare.

Ma avevo sonno, volevo svitarmi la testa e appoggiarla sul tavolo per farla riposare in santa pace.

Lei non capiva perché fossi così stanca, non potevano essere gli psicofarmaci che stavo prendendo a ridurmi così!

Infatti il colpevole era un altro.

Era il litio.

Quando le ho detto che Cordoni mi aveva prescritto 300 mg di litio da prendere tre volte al giorno, l'amorfa Vassalli ha strabuzzato i suoi insignificanti occhi castani fino a conferire loro un'espressività che non le conoscevo.

«Cosaaa?» mi ha domandato. «Cosa sta prendendo?»

«Il litio. Tre pastiglie da 300 mg al giorno.»

«Smetta immediatamente.»

Oh cacchio. Perché dovevo smettere?

«Perché devo smettere?»

«Perché... beh, perché...» l'ho vista tentennare (chiaramente, non voleva criticare il lavoro di un luminare) «... perché potrebbe essere quello a darle questa... ehm, sonnolenza.»

Primo: quella non era sonnolenza ma morte apparente. Secondo: Cordoni aveva fatto una cazzata e mi aveva prescritto una medicina sbagliata?

«No, beh, diciamo che forse, non sapendo che lei sta già facendo una cura antidepressiva e che quindi assume determinati psicofarmaci, prescriverle il litio gli è sembrato giusto, insomma, normale.»

«Ma lui sa che sto facendo una cura antidepressiva, mi ci ha mandato lui qui.»

«Già.»

«Quindi?»

«Quindi smetta.»

«Mh. E a Cordoni chi glielo dice, lei?»

«No, glielo dica lei.»

«Non è meglio se glielo dice lei?»

Silenzio.

«Facciamo così: glielo dica lei e se protesta gli dica di chiamarmi.»

Secondo me, lì, l'unica che avesse il diritto di protestare ero io.

«Intanto le prescrivo un altro farmaco che deve cominciare a prendere da domani. Si chiama Requip, prenda prima un quarto di pastiglia, poi mezza e poi una intera. Faccia così: i primi due giorni prenda bla bla bla, poi il terzo e quarto bla e poi bla, bla, bla fino al quinto e al sesto bla...»

Mentre la Vassalli snocciolava numeri e giorni io la guardavo con un'espressione più amorfa della sua.

La sensazione d'insicurezza che ho provato avendo a che fare coi medici non l'ho provata mai, nemmeno dopo aver consegnato un compito in classe di matematica dove sapevo di avere copiato male da un compagno somaro.

Quando la Vassalli ha finito le sue giaculatorie mi sono alzata, l'ho salutata senza entusiasmo e sono uscita dalla stanza mentre lei si raccomandava: «... e smetta il litio!».

Sono uscita da quello studio che non capivo più niente. Credetemi, ero talmente intasata di medicine che non sapevo più che fare.

Con tutte quelle che avevo preso, smesso, inaugurato, sostituito, potenziato, interrotto, ricominciato, avrei dovuto essere Superpippo, invece ero una chiavica.

L'unica cosa su cui potessi veramente contare era la mia depressione, florida come la giungla.

Tutto passava tranne lei, e questo continuo metti e leva di sostanze mi garantiva una cupezza a prova di bomba.

Mi sono incamminata verso casa infagottata nel mio golf grigio col cappuccio, un informe piumone nero, barbellando per il freddo di quel febbraio da dimenticare. Erano passati dieci giorni dall'operazione, stavo ancora sottovuoto e in isolamento. Mi sentivo senza dignità, non più padrona del mio corpo, conscia di spargere residui velenosi, afflitta da tristezza cronica e fisicamente inesistente, anzi, brutta. Ecco cos'ero dopo tutti quei mesi di malattia.

Non c'era più niente da fare, era ovvio, anche gli psicofarmaci a che servivano? A nulla, o a peggiorare la situazione.

Avevo il cuore bucato. Soffrivo e basta.

Ho chiamato Cordoni e gli ho detto che la Vassalli mi aveva *suggerito* di smettere il litio.

«Perché?»

«Perché dice che è il litio che mi fa dormire in continuazione.»

«Non sono d'accordo.»

«Ah. Allora cosa devo fare?»

«Ma non lo so, io il litio l'ho sempre dato senza che ci fosse nessun problema.»

Ecco cos'hanno di fantastico i medici: ti fanno sentire sempre uno stronzo perché sei il primo a cui succedono certe cose. È la prima volta che la tal medicina dà quella reazione, è la prima volta che un farmaco non fa effetto, è la prima volta che una malattia si presenta in quel modo lì. È sempre la prima volta.

Una mente malfidata potrebbe pensare che questa tattica li tuteli dagli errori che commettono. Basta dire che una cosa non è mai successa e le loro responsabilità... puf... svaniscono. Ma siccome qui di menti malfidate non ce ne sono, diciamo che troppo spesso i dottori non brillano per empatia.

In questo spaventoso viaggio che ho fatto, ogni volta che le cure non hanno funzionato mi sono trovata davanti a fior di professionisti che difendevano il loro onore più della mia persona. Prima di tutto si salvavano il culo stupendosi degli incidenti di percorso, poi cercavano di riparare sottolineando che quella anomala ero io.

Non ho mai sentito un medico dire "Ho sbagliato" e molto raramente hanno mostrato dei dubbi sulle loro cure.

Dio benedica il mio pediatra (dal quale sono andata fino alla maggiore età perché era bravissimo) a cui un giorno feci vedere una verruca che mi era venuta sulla pianta del piede. Col suo consueto tono serissimo e un rigore che avrebbe fatto impallidire la regina Elisabetta mi disse: "Prenda questo sciroppo per una settimana. La verruca sparirà". Il medicinale in questione era uno sciroppo per la tosse. Di fronte alla mia espressione perplessa mi rassicurò: "Non ho mai capito perché questo sciroppo faccia sparire le verruche, ma è così. Le va di prenderlo? Poi mi dirà".

Dopo una settimana di sciroppo la verruca sparì.

Questo signore, che ricordo con un affetto profondo, non ha mai sbagliato una diagnosi né una cura, ma non ha mai dato niente per scontato. Mi ha sempre spiegato con calma e sicurezza quello che avevo e, in contrasto con la sua immagine rigorosa e severa, ha spesso sperimentato delle strade dicendolo apertamente, coinvolgendomi e dimostrando rispetto e fiducia in me come paziente. Non aveva la verità in tasca e non se ne vergognava affatto e, quando il caso lo richiedeva, condivideva con noi umani la sua empiricità, fidandosi della nostra capacità di discernere.

Questo vogliamo noi malati dai dottori: rispetto e fiducia. Siamo perfettamente in grado di capire e di partecipare al nostro percorso di guarigione, non c'è bisogno che ci diano degli ordini.

Loro non sono onnipotenti e noi non siamo scemi.

Per inciso, stoppato il litio, quel sonno mostruoso che mi impediva di tenere gli occhi aperti per più di quattro minuti se n'è andato e ho potuto recuperare un quasi decente stato di veglia.

Indecente, come al solito, era la mia vita.

Per fortuna, a un certo punto è arrivato Nyo.

12

Siamo davanti al cancello verde tutto scrostato, mentre una spaventosa puzza di pollaio e di escrementi ci avvolge.

Una ragazza viene ad aprirci con un grembiulone di plastica lungo fino ai piedi sporco di terra, feci e fango, con una pompa dell'acqua in mano. È sorridente.

Apre il cancello, ci fa entrare e, dopo qualche metro, alcune centinaia di cani cominciano ad abbaiare tutti insieme. Nello stesso istante, io e Gio cominciamo a piangere.

«Ci scusi, ci scusi, ci dispiace» diciamo alla ragazza. «Ci scusi, veramente, non... non sappiamo che ci è successo...» e continuiamo a piangere.

«Non vi preoccupate, capita a tutti.»

Annabella, così si chiama, ci fa entrare e io e Gio passiamo fra due ali di gabbie piene di cani di tutti i tipi.

Siamo lì per Tito, un bastardino che è stato sequestrato a un tizio che lo seviziava.

Speriamo che Tito sia adottabile, vogliamo trovargli una famiglia. Ma Tito sta rintanato in fondo a una cuccia terrorizzato, mentre una barboncina bianca e anziana lo protegge e gli fa la guardia ringhiando furiosamente a chiunque si avvicini. Non ho mai visto un essere umano difendere un suo simile con l'abnegazione con cui lei difende Tito. Sono inseparabili.

Riuscire a piazzare un cane è molto difficile, due è pressoché impossibile.

Annabella e gli altri volontari ci sconsigliano di rompere il loro equilibrio già precario, quei due poveretti ne hanno passate già abbastanza.

Lì, almeno, stanno insieme e hanno da mangiare tutti i giorni. Non tantissimo, magari, ma regolarmente.

«Volete vedere i nostri cani?» ci chiede Annabella mentre con un getto d'acqua potentissimo ripulisce il pavimento delle gabbie ricoperto di foglie, sporcizia e liquame.

«Certo, sì certo, vogliamo vedere tutto.»

Non so se siete mai stati in un canile. È un luogo lacerante, insopportabilmente doloroso.

«Ne abbiamo quattrocento.» Annabella passa fra le gabbie alte tre, quattro metri, mentre decine e decine di cani fanno a gara per farsi notare da noi. Chi si sbatte contro la rete, chi ulula, chi infila la testa fra le sbarre.

«L'altro giorno abbiamo avuto l'ispezione sanitaria, li hanno trovati tutti ben nutriti» ci dice con orgoglio. «È molto importante che tutto funzioni, non vogliamo che ci chiudano. Poi questi dove vanno a finire?»

Lei è abituata a quello che stiamo vedendo, noi no. Un concerto per disperazione, smarrimento e paura.

Ci sono un sacco di randagi, i soliti, poveri, meravigliosi, adorati randagi, e molti cani di razza. Chiaramente ex regali di Natale, di compleanno, d'anniversario che qualche delinquente irresponsabile ha fatto o ricevuto.

C'è uno Shar pei grigio bellissimo. Ha le orecchie tutte tagliuzzate e strappate, è pieno di croste sul torace e sulla faccia. Ci guarda assente, immobile, mentre intorno a lui c'è l'inferno.

Non è difficile immaginarlo cucciolo, con un fiocco intorno al collo, mentre una famigliola schifosa e crudele si scambia golf di cachemire e playstation facendosi gli auguri e mangiando panettone in attesa della messa di mezzanotte.

Bloody Christmas family day.

Io e Giordana arriviamo alla gabbia dei cosiddetti "piccoli", Annabella ce li presenta uno per uno. Una decina di nani variopinti. Stanno tutti insieme, sono più o meno grandi uguali. Uno bianco e ispido dall'aria simpatica si avvicina alla rete e ci guarda con gli occhi pieni di crosticine, molto lacrimosi e scodinzola lentissimo. È un po' malato ma lo stanno curando. Ha l'aria di uno che la sa lunga, d'altra parte se vuoi sopravvivere lì dentro non puoi essere uno sprovveduto.

I piccoli gironzolano nella gabbia abbastanza tranquilli, tranne uno che si agita come un pazzo avanti e indietro. Magrolino, scattante, veloce, si fionda verso di me e infila la testa attraverso la rete sbucando a un centimetro dalla mia mano. Lo grattugio un po' sulla testa e lui impazzisce di felicità.

Ritraggo la mano di colpo: ho già un cane che mi aspetta a casa, due sono troppi. Mi allontano subito dalla gabbia mentre il ragazzetto mi guarda fisso, piantato contro la rete in piedi sulle due zampe posteriori. Ci guardiamo per qualche secondo, immobili. Io rimango ferma, lui pure. È evidente che si aspetta qualcosa. Non faccio un passo, lui mi lancia uno sguardo che mi trafigge le pupille e poi, deluso, si gira su se stesso e se ne va. Ecco fatto, sono un'assassina.

Torniamo a casa, Giordana guida, io sono seduta sul sedile a fianco.

Lui sta davanti ai miei piedi e mi guarda fisso negli occhi.

Sono otto anni che fra di noi funziona così: ovunque io sia lui mi guarda. O mi bacia. Sto sul divano e lui mi guarda, mi alzo per prendere un bicchiere di Coca-Cola e lui si alza e mi accompagna al frigo. Vado in bagno e si piazza davanti al water finché non ho finito, mi vesto e mi segue dall'armadio alla camera dandomi una leccatina ogni tanto, quando è a portata di ginocchio. Non è raro che mentre faccio il bidet passi di lì e mi dia una leccata su una chiappa.

Il nostro è un rapporto umido e amoroso, perché Nyo è il cane che bacia più di tutti al mondo. Praticamente non fa altro.

È entrato nella mia vita da reietto quando ero una reietta anch'io; perfettamente compatibili. *Les Miserables*. Ovviamente, da quando c'è lui tutto si è complicato moltissimo, ma per fortuna Giordana, che ora ha Blu, una lupa bellissima completamente pazza e molto simpatica, mi dà una mano quando proprio non ce la faccio.

Io, Gio, Harpo, Nyo e Blu.

Fra noi cinque c'è una promiscuità totale, io e Gio ci scambiamo i cani a seconda delle rispettive necessità, pratichiamo il dog-sitting estremo.

Prendere Nyo è stato inevitabile e sono certa che a spingermi fino al canile e uscirne con un figlio non previsto è stata la mia depressione.

In un momento di pura disperazione sono andata a colpo sicuro fra i disperati. Chi si somiglia si piglia, dice un proverbio. È vero.

E forse lui è stato il transfert di speranza di cui avevo bisogno per poter credere nella mia guarigione. Se la sua vita migliorava sarebbe migliorata anche la mia, potevo credere che risorgere fosse possibile e lecito.

Questa povera Peugeot rossa e scassata è una camera a gas, Nyo puzza come un maiale.

Ah, è stato chiamato Nyo così per puro caso, è uscito dal canile figlio di NN ed è arrivato a casa Nyo.

«Chissà come si chiama» dice Gio. Al canile non l'avevano battezzato e nessuno aveva saputo dirci il suo nome, né come fosse arrivato lì e quando.

«Boh. E chissà da dove viene.»

«Proviamo a chiamarlo con dei nomi banali, magari risponde.»

«Tipo Fido?»

«Beh, Madonna, Fido non esiste più.»

«Ok. Provo con Jack. Jack!» gli dico guardandolo mentre lui mi fissa senza muovere un muscolo.

«No, Jack non gli dice niente» osserva Gio e lancia un «Jimmy!» che cade nel vuoto.

«Bobby!»

«Custer!»

«Schizzo!»

«Timmy!»

«Pancho!»

«Zorro!»
«Speed!»
Niente.
«Siamo troppo esterofile.»
«Hai ragione. Filippo!»
«Gualtiero!»
«Carlo!»
«Roberto!»
Nisba. Non muove un baffo manco a morire.
«Dante!»
«Beatrice!»
«È maschio.»
«Ah, già...»
«Leo.»
«Teo.»
«Ha le stesse vocali.»
«Ah, già.»
«Skip.»
«Black.»
Niente. Una statua.
«Nio!»
A "Nio" si gira verso di me e fa un'espressione di evidente soddisfazione.
«Cazzo! Si chiama Nio!»
«Perché? Che ha fatto?» chiede Gio che guarda dritto davanti a sé nel mezzo di un incrocio.
«Mi ha guardato! A "Nio!" mi ha guardato!»
Sono entusiasta.
«Nio? Nio?» lo chiamo e lui mi guarda attentissimo, come a dire "Eh, che vuoi?"
«Nio» mormora Gio «Nio... come il protagonista di Matrix.»
«A me non piace Matrix.»
«Chi se ne frega, il protagonista si chiama Nio.»
«Scritto come?»
«N-E-O.»
«Allora lui no. Lui sarà Nio con la i. Anzi, con la ipsilon.»
«E vabbè, ma è lo stesso come Matrix.»

«Non mi piace Matrix, ma va bene.»

«E poi ha senso, scusa. In Matrix Neo è il prescelto. Più prescelto di lui!» osserva Giordana buttando un occhio amoroso a quel puzzone che ci sta ammorbando.

Curiosamente Nyo (con l'ipsilon) sa di formaggino stantio. Lo accarezzo e il suo manto appiccicaticcio e nerastro sprigiona un aroma di raclette che mette quasi appetito. È magro, le ossa spuntano sotto la pelle, i denti sono rovinati, la lingua è biancastra e quando ti bacia lascia una scia vischiosa che nemmeno una lumaca.

Domani lo portiamo dalla veterinaria, la grande Lucia, per sapere più o meno quanti anni ha e come sta di salute.

È molto simpatico, sembra Buster Keaton.

Nyo ha uno sguardo che crea qualche problema. È talmente indifeso che ti sembra di avere in macchina uno spot contro l'abbandono che è andato in loop. Mica facile.

Sbadiglia e mi stende, gli do un bacio sulla testa e sbarello.

Ci vorranno molti lavaggi nella vasca perché perda questo aroma caseario, ma so che ce la farò.

28 giugno 2003: Cordoni era soddisfattissimo: stavo decisamente migliorando! Le analisi erano ancora sballate ma meno di prima; lentamente tutto si aggiustava.

Questo, per quanto riguardava la tiroide.

Il resto era un mucchio di macerie, ma sappiamo bene che per il mio amato endocrinologo *il resto* non esisteva.

Stavo guarendo. Contenta? Per niente.

Il mio stato depressivo, semmai, si arricchiva di un'ansia spaventosa perché, mentre il fisico guariva, la psiche incespicava su se stessa e questo mi faceva sentire colpevole. Come avrei potuto dire ancora "Sto male" se le mie analisi strombazzavano il contrario? Chi mi avrebbe creduto?

Giordana, risposta esatta!

Ma il mondo non era fatto solo di me e lei, c'era tutto un contorno che sapeva che ero stata malatissima (i valori sballati sulle analisi fanno sempre la loro porca figura, basta sciorinare un paio di numeri sproporzionati e anche il più scettico e scanzonato uditore impallidisce) ma che stavo genericamente *andando a posto*. E poi fra un TSH spaventosamente alto certificato da un roboante 36,6 micrU/ml (!!!) e un nebuloso *stato depressivo* non meglio identificato non c'è partita! Fanno tutti il tifo perché il TSH torni nel suo range normale (tra 0,3 e 5,5 micrU/ml) mentre l'umore può andare a farsi fottere. La depressione passerà, e che cazzo, non facciamola lunga.

Luglio.

Agosto.

Una merda.

3 settembre 2003: nuove analisi. Perfette.

Il lungo percorso tiroideo cominciato il 14 giugno 2002 vedeva finalmente la luce. La micidiale ghiandola distruttrice era vinta e doma e io mi accingevo a campare con l'Eutirox, 75 mcg al dì.

Era il caso di cantare vittoria? Secondo me Cordoni, nel segreto della sua cameretta qualche inno sacro lo intonava, ma con me era serio e professionale e sosteneva che avremmo dovuto aspettare le prossime analisi per essere ragionevolmente sicuri di avercela fatta.

Prossime analisi: 11 novembre 2003. Tutto ok, funzione tiroidea perfetta.

Via libera agli inni sacri, possibilmente polifonici.

Cordoni, cresciuto di alcuni centimetri e (giustamente) molto orgoglioso del risultato ottenuto, mi riteneva a posto. Il suo lavoro era concluso.

Adesso basta rompere i coglioni, i numeri dicevano che stavo bene. Chiaro?

A me sì, al mio cervello no.

Dallo iodio radioattivo a oggi erano passate tre centinaia di giorni.

Febbraio/novembre 2003, dieci mesi di disperazione.

Avevo fatto nuovi esami, nuovi controlli tiroidei, nuove visite dalla psichiatra e le solite visite dalla psicologa. Ero andata in ipotiroidismo forzato in seguito all'operazione (tutto sotto controllo, Cordoni monitorava), la Vassalli mi aveva cambiato gli psicofarmaci un paio di volte senza ottenere un accidente e Deike Gerlach aveva continuato ad ascoltarmi piangere e a darmi dei blandi e brevi momenti di sollievo dei quali le ero molto grata.

Ma non guarivo. La vita era sempre un inferno e dieci mesi sono dieci mesi.

Mi sono anche esibita in performance spericolate tipo un'ecografia tiroidea e un elettroencefalogramma, ma nemmeno questi due assi nella manica hanno sortito un miglioramento.

Mentre un ciuffo di medici si occupava alacremente della mia persona, la mia persona deragliava.

Da questo momento in poi la mia disfatta è stata totale.

Sconfitta la perfida tiroide dovevo fare i conti con una psiche maciullata ed è cominciato il periodo più sciagurato della mia vita: la depressione pura e semplice. Nuda e cruda.

Era proprio il caso di incappare nel dottor Sandonà?

13

Sandonà era alto due metri, largo uno e curava cervelli avariati.

Il mio nuovo psichiatra.

Deike, sfiancata dai miei regressi, era contenta che avessi deciso di salutare la Vassalli e di provare con un dottore nuovo. Magari stavolta funzionava.

Le ho comunicato la mia intenzione di approcciare Sandonà un tardo pomeriggio scuro, buio e piovigginoso nel quale la teutonica vegliarda mi scioglieva i punti mentre parlavamo della sua naturopata.

Naturòpata, con l'accento sulla o.

Faceva tanto anni Settanta con le gonnellone patchwork, gli zoccoli di cuoio e la borsa a fiori, ma 'sta naturopata esisteva davvero e stava in una specie di negozietto dove teneva lezioni di non mi ricordo più cosa a gente varia, tra cui la mia psicologa.

Deike mi ha indicato un opale di almeno tre chili che stava su un tavolino, donato giustappunto dalla naturopata. Un pietrone immenso.

«Allontana la negatività» mi ha rivelato.

Cazzo, potevo ingoiarlo? Avrei risolto, una volta per tutte.

Comunque, a parte i miracoli della naturopata, Deike ragionava pacatamente ma con inappellabile inflessibilità crucca sull'inefficacia degli psicofarmaci che prendevo da quasi un anno: eravamo a novembre e avevo cominciato ad andare dalla Vassalli a gennaio.

Oddio, cambiare psichiatra non è facile come cambiare le mutande, ma forse dovevo farlo.

«Non dico che la dottoressa Vassalli non sia brava, per carità, ma forse non ha ancora trovato la cura giusta per lei» azzardava Deike.

Eh, forse, visto che do la testa nel muro dalla mattina alla sera!

«Sandonà è un giovane psichiatra molto preparato, ne ho sentito parlare in ospedale da alcuni colleghi. Chi gliel'ha consigliato?»

«Un conoscente di Giordana che ha la moglie matta come me.»

«La smetta. Lei non è matta.»

Deike s'incazzava come una bestia quando buttavo lì frasi del genere. Amava il suo lavoro e ne aveva un gran rispetto: non tollerava provocazioni quando si parlava di situazioni psichicamente fragili. Io lo facevo apposta per sdrammatizzare e per sentirmi dire *lei non è matta,* un concetto che amavo fosse reiterato da tutti, oltre che da Giordana e da me.

Mentre Deike m'infilava il dito medio nel fianco sinistro provocandomi uno spasmo acuto direttamente nel cervelletto, con un umore a metà fra lo scoglionato e il catastrofico riflettevo sul fatto che avrei dovuto mettermi per l'ennesima volta in mani nuove e sconosciute.

Era come fare un viaggio all'estero, intendendo per estero Marte, Giove o Plutone. Mi sembrava che il mondo non capisse una parola di ciò che dicevo e sapevo anche di non essere sintonizzata in modo che mi si capisse.

Giordana era d'accordo col cambio di psichiatra perché, effettivamente, la cura della Vassalli era stata un flop totale. È vero, bisogna dare il tempo ai farmaci di fare effetto, bisogna anche dargli la possibilità di non funzionare e di essere cambiati, e bisogna tentare con farmaci nuovi che magari sono più efficaci, ma c'è un limite. Non potevo mica campare di tentativi. Perciò via libera a Sandonà.

Questa volta Gio mi avrebbe accompagnato, voleva vedere coi suoi occhi chi avrebbe ricominciato a cincischiare il mio cervello.

Cordiale, solare, alto uno sproposito, Sandonà ci ha accolto con un sorrisone.

Io avevo l'occhio sbarrato per paura di non riuscire a spiegare il mio malessere e, quindi, a dimostrargli che soffrivo.

Sì, perché è così: ai medici, che stai male, glielo devi proprio *dimostrare*. Non basta dirglielo, devi anche pregare che ti credano, sennò ti attacchi.

Chissà da dove nasce questo scetticismo in base al quale pensano che noi pazienti siamo, innanzitutto, dei millantatori, e poi (molto poi) dei poveracci realmente nei guai.

Per quale stortura mentale dovremmo avere voglia di infilarci in uno studio medico, se non per una necessità oggettiva? Forse per sfogliare delle riviste di gossip vecchie di sei mesi? O per compulsare "Medicina oggi", l'opuscolo che illustra cateteri urinari e malattie veneree con delle belle foto a colori? Sai che piacere sbirciare un pisello violaceo in primo piano farcito di condilomi!

Per grazia di Dio Sandonà non sembrava uno da convincere, pareva anzi ben disposto a credere che fossi lì a pieno diritto. E sorrideva, un buon inizio.

Mi sono seduta di fronte alla sua scrivania e Gio ha fatto lo stesso. Gli abbiamo spiegato la situazione e lui ha capito piuttosto bene.

Era giovane, informale, quasi giocherellone. Avrebbe potuto tranquillamente essere un labrador, veniva voglia di tirargli una pallina per vedere se correva a prenderla e te la riportava. Naturalmente una performance del genere lo avrebbe consacrato medico dell'anno, almeno ai miei occhi, ma la prova pallina non è stata fatta e il suo *labrador look* è rimasto solo una piacevolissima impressione.

Era sicuramente preparato, sciorinava uno scilinguagnolo fluido e sapiente, ma sembrava affetto da una lievissima ansia da prestazione.

Evidentemente voleva fare bella figura, come biasimarlo? D'altronde anch'io ci tenevo ad apparirgli bella scombinata, volevo che mi vedesse in tutto il mio depressivo splendore. A ciascuno il suo, pensavo.

Comunque sia, analizzava i miei guai con disinvoltura e mi illustrava i pro e i contro di alcuni antidepressivi che Giordana conosceva bene.

Vedevo quei due sguazzare fra *triciclici* e *inibitori selettivi della ricaptazione della serotonina* come delle oche in uno stagno: erano perfettamente a loro agio. Ben piantati sui loro piedi palmati si scambiavano opinioni sagaci sul Tofranil, il Noritren, il Fluoxeren, l'Efexor e il Seropram. Quasi quasi mi stavo gasando anch'io. Le pastiglie, raccontate da Sandonà, sembravano una gran figata, e lui era decisamente *easy*. Dopo tanti tromboni tiravo un po' il fiato.

La visita è durata un'ora, piena di parole e di buoni propositi, e quando io e Gio siamo uscite eravamo sollevate. La spiavo di sottecchi e la vedevo soddisfatta ed estremamente combattiva: stavolta ce l'avremmo fatta.

Ci pareva di aver avuto con Sandonà uno scambio di opinioni decisamente evoluto. Sarà stato perché eravamo quasi tutti coetanei? Sono sempre refrattaria a considerare l'età un elemento dirimente nel valutare le persone, perché penso che esistano vecchi illuminati e all'avanguardia così come esistono vecchi pallosi e presuntuosi, idem dicasi per i giovani. Ma, forse, stavolta, avere a che fare con un *quasi* ragazzo aveva il suo peso. Sicuramente sul nostro incontro non aveva aleggiato quel venticello generazionale che fino ad allora mi aveva fatto sentire un'allieva somara di fronte a una commissione di professori arcigni e lievemente maldisposti.

Tornavo a casa rincuorata e con il sacchettino della farmacia pieno di sorprese. I nuovi antidepressivi avrebbero fatto il miracolo?

Sul portone di casa ho incontrato un vicino, il signor Galli del quarto piano, che mi ha squadrato con occhio clinico e mi ha detto un po' accigliato: «A signo', je dica a quer truccatore che nu' je deve fa' 'sta faccia da luna piena, eh! Ma che è 'sto faccione tondo? Lei è tanto caruccia! In tivù me pare 'n pallone! Je lo dica, che così la rovina! Me creda: la rovina, è proprio brutta!» e se n'è andato borbottando.

Ero gelata.

Come spiegare al signor Galli che ormai non c'era più niente da fare e che quello che passava in TV era irrimediabilmente compromesso? Ero gonfia come un pallone? Lo credo! Avevo iniziato a girare proprio nel momento in cui la mia malattia scoppiava in tutta la sua sventurata potenza, e non c'era truccatore, né direttore della fotografia, né chirurgo plastico che avrebbe potuto ridimensionare le mie guance espanse.

Deprimente.

Ogni volta che replicavano quel benedetto lavoro sapevo che la quasi totalità dei telespettatori si domandava cosa cazzo stessi mangiando in quel periodo per essere così trippona.

'Sta faccia da luna piena... Dio santo...

Ma era perfettamente inutile piangere sul mio sovradimensionamento mediatico, ora avevo ben altro da affrontare: la mia nuova cura antidepressiva.

Avrebbe funzionato?

No.

Naturalmente non lo potevo sapere.

Per alcuni mesi, infatti, ho preso dei farmaci che sono risultati assolutamente inutili, almeno per me.

Ho passato l'ennesimo Natale misero e lacrimoso rincorrendo sorrisi che non mi davano nessuna gioia.

Sandonà si impegnava come un pazzo, cambiava minuscole virgoline di dosaggio un po' per volta sperando che qualcosa si muovesse, ma stavo decisamente al palo. Lui era molto prudente, forse troppo. Il problema però non era solo suo.

Contemporaneamente venivo monitorata da Cordoni che voleva sapere come stavo dopo l'operazione radioiodio.

Mi aveva prescritto i miei bei 75 microgrammi di Eutirox da prendere tutti i giorni in sostituzione della tiroide e, secondo lui, tanto bastava: nemmeno Gesù Cristo gli avrebbe fatto cambiare idea.

Invece non bastava affatto. Ero depressa e moscia come una pelle di fico.

Parlare con lui mi metteva profondamente a disagio, perché voleva sentirmi dire che stavo benissimo e io non glielo potevo proprio dire. Sappiamo che l'aspetto psicologico della questione non lo interessava, ma pure fisicamente ero leggiadra e scattante come un camion col rimorchio, e lì la psiche che cacchio c'entrava?

«Come sta?»

«Eh, insomma, così così. Cioè, sono molto rallentata, molto... molto... faccio fatica a carburare, mi sento poco attiva, poco...»

«Strano. Con l'Eutirox dovrebbe stare benissimo. Ormai non ha più problemi di tiroide.»

«Sì, no, cioè, lo so, però, non so com'è ma faccio fatica a fare tutto. È normale?»

«No.»

«Eh, appunto.»

«Ma lei ormai è a posto.»

No, cazzo! Non ero a posto! Se stavo così non ero a posto per niente.

«Li prende 75 mcg di Eutirox al giorno, vero?»

«Sì.»

«E allora!»

«Eh... allora... non sono più come prima.»

Percepivo il suo scetticismo in forma solida. Non poteva credere che, nonostante i suoi calcoli, io non funzionassi come dovevo. Così ha sganciato una bomba di saggezza espressa.

«Provi con un po' di Multicentrum.»

«Con che?»

«Multicentrum. È un ricostituente.»

Un ricostituente? Geniale, era come curare la lebbra con il Prep.

«Ma io non so se è...»
«Se continua a sentirsi stanca prenda quello e vedrà che starà bene.»
Ero spaesata.
«Multi...?»
«... centrum!»
Secco come uno sparo, il buon Cordoni.
«Un ricostituente.»
«Sì.»
«Va beh, magari ci provo.»
«Benissimo, per qualunque cosa mi chiami. Comunque la cercherò io fra quindici giorni.»
Che culo.
«D'accordo, grazie. Arrivederla dottore.»
«Arrivederla.»
Perché dovevo prendere un ricostituente? Sapevo benissimo che il mio problema non era da ricostituente. Chissenefrega di un ricostituente, io avevo un guaio diverso.
L'ho detto a Giordana che ha sgranato gli occhioni, cosa che le vedevo fare sempre più spesso da quando mi ero ammalata, e il punto di domanda che si è materializzato sulla sua faccia era eloquente. Multicentrum? Cioè *vitamine*? Curiamo la psiche con le *vitamine*?
Era lunare.

«Quindi ha detto proprio Multicentrum» mi ha domandato Gio per la terza volta.
«Sì. Cordoni dice che mi tira su.»
«Vabbè, ma che c'entra un ricostituente? Gliel'hai detto che...»
«Gli ho detto tutto.»
«Ma gli hai spiegato che...»
«Sì.»
«Evidentemente non ha capito che...»
«Ha capito benissimo.»
Era sconcertata. Io pure.
Sono passati altri quindici giorni di elettroencefalogram-

ma pressoché piatto nei quali mi trascinavo come un lombrico e Cordoni mi ha richiamato.

«Come sta?»

Ho deciso di mentire: «Meglio».

«Ha visto? Era solo un problema di spossatezza, evidentemente.»

Sentir definire spossatezza il liquame nel quale sguazzavo mi faceva parecchio incazzare, ma ho tirato dritto: «Evidentemente».

«Bene, faccia le nuove analisi e poi mi invii i risultati.»

«Certo dottore.»

«La saluto.»

«La saluto anch'io.»

E vaffanculo. Era mai possibile che non si potesse tentare un minimo di analisi di questa situazione sanitaria così delicata? *Lei ormai è a posto, lei non ha più problemi, lei è solo spossata*... Ma che cazzo di mente quadra! Non sono mica una forma geometrica che mi puoi calcolare moltiplicando i lati, o i cateti, o prendendo la misura del raggio! Sono una persona, un essere unico e irripetibile (e meno male, date le mie condizioni!) che si trova in difficoltà perché sta riavviando la propria vita dopo che una specie di terremoto interno le ha spappolato il corpo e la mente. Che me ne faccio dei tuoi dogmi e del tuo Multicentrum?

Avrei mollato Cordoni. Non ne potevo più di sentir dire che tutto andava a meraviglia quando non era vero; oltretutto avevo cominciato a mentirgli a tutto spiano perché mi dava profondamente sui nervi che sproloquiasse sul mio stato di salute quando non era per niente ricettivo sulle mie reali condizioni. Perché dirgli la verità?

Tra l'altro, le mie analisi stavano nei *range* ma erano un po' stitiche. I miei valori tiroidei erano giusti giusti, ma al pelo. C'era qualcosa che non andava, ma non sapevo cosa.

Prendevo gli antidepressivi di Sandonà e pregavo che funzionassero. Deike seguiva da lontano.

«Nun me vole da' retta, eh?» Era il signor Galli che mi parlava, il vicino di casa.

Stavo aspettando l'ascensore e lui mi era arrivato alle spalle.

«Che poi guardi: nun ce somija nemmeno.»

«Ma a chi?»

«A lei!»

«Ma chi?» non lo capivo.

«Leiii! Lei, dico, nun ce somija pe' niente, sembra n'artra. È proprio gonfia!»

Ah, già, stava sempre parlando della mia faccia in televisione. Evidentemente stavano replicando la fiction.

«Co' quei capelli così corti, poi, mamma mia!...»

E se n'è andato su per le scale scuotendo la testa.

Forse avrei dovuto cambiare casa.

«Ho ricevuto le sue nuove analisi. Sono perfette.» Aridaje. Sua maestà Cordoni gongolava inutilmente.

«Sì dottore.»

«Lei come sta?»

«Bene. Tutto a posto.»

Ovviamente mentivo.

«Ottimo. Allora rifaccia le analisi fra un mese e poi me le invii.»

Un disco rotto.

«Certo. La ringrazio dottore.»

«La saluto.»

«Arrivederci.»

«Arrivederci.»

Poi ho cominciato a non rispondergli più al telefono. Non sapevo più come parlare con questo signore. Mi aveva curato, è vero, ma adesso che i conti non tornavano lui non mi dava risposte. Anzi, mi faceva sentire matta perché lamentavo uno stato che, secondo lui, era semplice spossatezza.

Cordoni mi chiamava e io non rispondevo, mi richiamava e io lasciavo squillare per interi minuti.

Ho sbagliato, lo so, ma mi sembrava di urlare nelle orecchie di un sordo. Ogni volta che vedevo apparire il suo nome sul display del cellulare guardavo cupa la luce intermittente che mi minacciava con un CORDONI maiuscolo a tutto campo. Poi smetteva e io mi rilassavo. Non avrei saputo che dirgli, scappavo dal suo tecnicismo che azzerava la mia individualità. E il mio dolore.

Ma non potevo restare senza un endocrinologo, dovevo assolutamente trovarne uno che si sobbarcasse la mia carcassa.

E la naturopata di Deike, fra un opale, un'ametista e un occhio di tigre, ha fatto il miracolo.

Lo studio del dottor Zocchi era vuoto. Io e Gio abbiamo suonato un campanello e un *clic* ha fatto scattare la porta. Siamo entrate e non abbiamo trovato nessuno, solo un'anticamera che sembrava la scena di un delitto di provincia degli anni Sessanta rimasto insoluto.

Non c'era una segretaria, non c'erano pazienti in sala d'attesa e non c'era nemmeno la sala d'attesa.

Abbiamo conquistato due seggiole tappezzate con un'improbabile stoffa *rosagrigioverdebeige* e ci siamo sedute. Non si sentiva volare una mosca. Eppure io avevo telefonato allo studio e una voce (umana) mi aveva risposto, tanto che avevo preso quell'appuntamento ed ero lì.

Quella stanza, illuminata poco e male dal grigio cielo invernale e rigorosamente a secco di lampadine, brillava di un anonimato esemplare e un po' polveroso. Da un momento all'altro avrebbe potuto entrare un medico con le stesse attitudini di Laurence Olivier nel *Maratoneta* per farci una bella detartrasi, proprio come nel film. Atmosfera sinistra, luogo abbandonato.

Piene di pregiudizi ma strangolate dalla necessità, io e Giordana ci siamo guardate smarrite, entrambe pensando che il biglietto da visita di Zocchi fosse disastroso.

Quel pomeriggio io ero plumbea come le nubi che coprivano Roma e mi giravano molto i coglioni. Moltissimo.

Zocchi sarebbe stato il quarto endocrinologo che consultavo, poi mi rimaneva solo da fare il giro dei santuari.

Prossima fermata: Medjugorje.

Dieci minuti. Niente. Io e Gio non parlavamo nemmeno.

A un certo punto, da una porta si è affacciato un omino dall'aria mite e implume, col tipico sguardo da canile. Zocchi.

Ci siamo reciprocamente presentati e ci ha fatto accomodare nel suo studio, allegro come il resto dell'immobile.

Tanto per fare una cosa nuova gli ho raccontato tutto per filo e per segno dall'inizio. Non ne potevo più di quella storia, era stracotta, marcia, putrida, maleodorante e noiosa, noiosa, noiosa... ma lui non mi conosceva e andava edotto.

Aveva un'aria terribilmente onesta. Zocchi aveva proprio la faccia da persona perbene, da uomo serio e ragionevole ed era capace di grande duttilità, dote preziosissima.

Mentre guardava con attenzione le mie analisi, io gli illustravo il mio percorso sanitario.

«Lei è sempre stata un po' ipertiroidea, vero?»

Ma che ne sapevo io? Fino a una manciata di mesi prima manco sapevo che la tiroide esistesse!

«Guardi, non lo so, so solo che l'ipertiroidismo è una delle cose che rimpiango di più di tutta la mia vita. Da quando l'ho "curato" sono crollata, in tutti i sensi!»

«Evidentemente perché lei è, diciamo, portata. Potremmo dire, per capirci, che un lieve ipertiroidismo è una sua condizione di "quasi" normalità.»

Capivo così così, ma quel signore cominciava a piacermi. Avrei potuto rivalutare anche il suo dubbio arredamento da cronaca nera.

Zocchi sosteneva che, essendo ciascuno di noi un essere unico e irripetibile (Oddio, ha detto proprio così! Ha detto proprio così!), c'è chi ha un metabolismo più veloce e chi ce l'ha più lento, è un fatto assolutamente personale. Non esistono delle regole valide per tutti alle quali si può sperare di aderire (!!!), le cure vanno personalizzate (!!!), dipinte sulla persona in questione in base alle sue esigenze (!!!).

Ero morta e in Paradiso o quello era un dottore in carne e

ossa? Forse Zocchi era un ologramma? O ero in una candid camera e nel giro di tre secondi quel sant'uomo mi avrebbe gridato sul muso "C'hai creduto, faccia di velluto!!!"?

«Probabilmente lei per funzionare ha necessità di un dosaggio differente. Ora prende Eutirox 75 tutte le mattine?»

«Sì.»

Lo guardavo sognante, cominciavo a trovarlo quasi bello.

«Tecnicamente 75 è anche giusto, ma è ovvio che a lei non basta. Io direi che potrebbe prendere alternatamente Eutirox 75 e Eutirox 100. Facciamo così: lunedì, mercoledì e venerdì prende Eutirox 100, martedì, giovedì, sabato e domenica prende 75, ok?»

Se me l'avesse chiesta gliel'avrei data.

Davvero la formula magica di Cordoni poteva essere spappolata e ridisegnata sulle mie esigenze? Senza andare all'inferno? Senza diventare ciechi? Senza pagare più tasse?

«Se questa combinazione non dovesse funzionare me lo dirà e cambieremo di nuovo. La sto tenendo un po' in ipertiroidismo perché è evidente che la sua natura è quella e, senza esagerare, non possiamo non tenerne conto. Fra tre settimane faccia le analisi e poi ragioneremo sul risultato.»

Volevo sposarlo.

«Lo iodio radioattivo è una tecnica che si usa, certo, ma non è l'unica per curare la tiroide. Diciamo che adesso è piuttosto, ehm... di moda. Può darsi che lei sia rientrata in un protocollo di ricerca e quindi hanno deciso di curarla così. Ma l'hanno avvisata?»

«No. Io credevo che fosse l'unica possibilità per guarire.»

Zocchi ha sorriso, era più bello di Robert Redford in *Brubaker*.

«Naturalmente no, e comunque, se è rientrata in un protocollo di ricerca avrebbero dovuto dirglielo, ma ormai è fatta. Sicuramente lo iodio radioattivo è una tecnica efficace.»

Giordana ha rispolverato all'istante la sua vena polemica ed è intervenuta.

«Scusi dottore, vuole dire che lo iodio radioattivo NON

era obbligatorio? Cioè, Veronica si poteva curare anche in un altro modo?»

«Sì, certo, ma quello che è stato fatto è corretto, stia tranquilla. Magari un po' invasivo, ma si fa.»

Un po' invasivo? Sono stata velenosa per un mese! E poi il litio assassino, l'isolamento, gli sciacquoni a ripetizione...

«E poi, molto, molto raramente, pensi un po', nonostante questo trattamento, la tiroide si rifà viva. È molto raro, davvero, ma capita. Comunque stia tranquilla, noi faremo le analisi regolarmente.»

La tiroide si rifà viva? Appena a casa avrei ordinato una ghigliottina in Internet, così, giusto per prevenire.

Zocchi e il suo sorriso franco ci hanno accompagnato alla porta.

Quell'uomo era uno splendore, mi faceva sperare nel futuro, mi faceva sentire persino accettabile. Se a casa avessi incontrato il signor Galli all'ascensore che ironizzava sul mio faccione gonfio gli avrei tirato un calcio in culo; oggi potevo!

Zocchi ci ha salutato: «Allora ci sentiamo, d'accordo? Aumenti l'Eutirox, faccia le analisi e mi faccia sapere».

Parcella, stretta di mano ed eravamo fuori.

«Lo amo» ho confessato a Gio.

«Aspetta. Vediamo che succede con la nuova cura. Certo che è un altro mondo, questo almeno ti ascolta.»

«Lo amo. Lo desidero. Se mi vorrà sarò sua.»

«Ok. Ne riparliamo fra tre settimane.»

14

Notte. Buio. Io, Harpo e Nyo.

Le undici e mezzo. Tornavamo a casa in una città vuota e silenziosa.

Ho infilato la chiave nel portone e non sono riuscita ad aprire. Beh? Perché?

Ho riprovato: niente, serratura bloccata.

Ho provato ancora con tutte le chiavi del mazzo. Ovviamente non funzionavano.

Bella accoglienza.

Harpo e Nyo mi guardavano, io non sapevo che dirgli.

Evidentemente i condomini avevano deciso di cambiare la serratura; potevano almeno avvisare! Già, magari avevano anche avvisato, è che io non mettevo piede in quella casa da un sacco di tempo perché stavo in pianta stabile da Giordana e non l'avrei comunque saputo.

Eravamo fuori, tre randagi col muso incollato al portone.

Ma ecco, al di là del vetro, l'ascensore che arrivava al piano terra: eravamo salvi, qualcuno stava uscendo, ne avremmo approfittato per infilarci di soppiatto in casa nostra. Assurdo.

«Buonasera.»

«Buonasera.»

Rapidi convenevoli, tre gradini di corsa e ho schiacciato il bottone stando attenta alle due code. Qualche volta avevano rischiato la decapitazione con 'ste maledette porte automatiche.

Quarto piano.

L'ascensore aveva un buon odore di legno, l'avevano appena ridipinto e qualcuno aveva già scritto *Samanta troia* sulla bottoniera nuova e luccicante. Mentre superavo il secondo piano pensavo che Samanta non era sicuramente una troia e che chi aveva scritto il suo nome probabilmente era stato rifiutato, o qualcosa del genere. Con gli uomini spesso se non gliela dai sei una troia. Anche se gliela dai, a giudicare dalle chiacchiere che fanno dopo, ma comunque.

Terzo piano.

Quarto.

Un silenzio bestiale ci stava appiccicato addosso. Era proprio una casa di vecchi (fatta eccezione per Samanta troia, immagino) e a quell'ora dovevano essere già tutti a letto.

Interno 17, il nostro.

17. Pure l'interno che portava sfiga, tanto per gradire.

Ma alla sfiga io non ci credevo.

Facevo male.

La porta era socchiusa. Considerato che vivevo con Harpo e Nyo e che in quel preciso istante eravamo tutti e tre sul pianerottolo, lì dentro chi c'era?

Nessuno.

Nessuno ora, ma prima c'era stato senz'altro qualcuno perché lo spettacolo di devastazione che ci siamo trovati davanti faceva pensare ad una banda di Tupamaros esaltati che avesse eletto quei tre locali con angolo cottura a quartier generale.

C'era un casino impensabile. Divani rovesciati, scrivanie sbudellate, cassetti sparpagliati e oggetti ovunque, ma nessuno al posto giusto.

C'erano stati i ladri? Proprio lì, a casa mia? E che cazzo avevano rubato, visto che non c'era niente? Niente, appunto, ma la cosa doveva averli contrariati parecchio perché lo spicinio che avevo davanti agli occhi dimostrava quanto gli fossero girati i coglioni per quella sciagurata spedizione infruttuosa.

Non ho mai amato né avuto gioielli in vita mia e, non tenendo mazzette di banconote nel materasso, avevo involontariamente reso la loro gita assai frustrante. Ma non mi sentivo in colpa: che provassero anche loro una buona volta la sensazione del fallimento, io ci stavo a mollo da un pezzo!

Mi sono fatta strada verso le altre stanze, Harpo e Nyo mi hanno seguito incuriositi. Stesso casino inutile.

I ragazzi, probabilmente stimolati dalla novità, hanno cominciato a frugare in quel bailamme usmando a tutto spiano. Alla fin fine 'sto bordello non gli dispiaceva manco un po'.

La porta del bagno, invece, era chiusa. L'ho aperta: tutto ok, lì non era successo niente. Beh, che si poteva rubare in un bagno? Il tappo della vasca? Lo scopino del cesso? Gli assorbenti esterni senza nemmeno le ali?

Già che c'ero, mi sono slacciata i pantaloni, ho abbassato le mutande e mi sono seduta sulla tazza. Che rovina!

Macerie ovunque, dentro e fuori di me. Erano due anni che raschiavo il fondo del barile ed ero stufa marcia. Questo pensavo mentre facevo una lunga e desolata pipì.

Dopo un mesto bidet mi sono tirata su le mutande, ho allacciato i pantaloni e mi sono guardata nello specchio.

Quanto ero invecchiata! Ero grigia.

Capelli grigi, faccia grigia, persino le sopracciglia erano grigie.

Quando ho visto che era grigio anche il lavandino ho capito che c'era qualcosa che non andava. Un po' titubante, ho alzato gli occhi e ho capito il motivo del mio invecchiamento prematuro: il soffitto del bagno non c'era più, al suo posto erano comparse delle enormi bolle biancastre e rugose che rilasciavano nell'atmosfera un pulviscolo gessoso e sporco che ricopriva tutto. Me compresa.

Qualche perdita d'acqua al piano di sopra aveva fatto fiorire il soffitto del mio bagnetto che ora sembrava un herpes al microscopio.

Bubboni bianchicci, chiazze giallastre e colature marroni si mescolavano come un tiramisù riuscito molto male.

Come avevo fatto a non accorgermi di quella mutazione genetica?

Semplice: erano mesi che non mettevo piede in casa mia. Stavo da Gio con Harpo, Nyo, il golf grigio e uno spazzolino da denti nuovo. Nemmeno le mutande mi ero portata, ne avevo comprate dieci paia su un banchetto a un euro l'una. Scicchissime.

Intanto, il bagno si era smerdato e i ladri avevano fatto quel troiaio.

La casa crollava, io crollavo, le speranze crollavano.

Molto simbolico e molto irritante.

A quel punto, nonostante l'ora, ho telefonato a Giordana.

«Mi è fiorito il bagno.»

«Oh, bene! Quella patata americana si è decisa finalmente!»

«Ci sono delle strisce marroni, delle croste gialle e polvere bianca dappertutto.»

«Beh, ma che pianta è scusa? Di solito fa dei piccoli germogli verdi molto carini.»

«È sul soffitto.»

«E come ci è arrivata? Stava sulla mensola.»

«MI STA CROLLANDO IL SOFFITTO!»

«Ah. E cosa c'entra la patata americana?»

«Niente. Sei tu che parli della patata americana, io ti sto dicendo che mi sta crollando il bagno.»

«E perché?»

«Non lo so, forse è colpa di quello di sopra.»

«Che ha fatto?»

«Volontariamente spero niente, probabilmente gli si è rotto un tubo che ha allagato tutto e mi sta facendo marcire la casa.»

«Ma quando è successo? Oggi?»

«Non credo, 'sta roba spurga da mesi, mi sa. Ma io l'ho vista solo adesso.»

«Vengo a vedere?»

«Sì, ti prego. Io mi ammazzo.»

«No, aspetta. Arrivo.»
«Ah, sono venuti i ladri.»
«Chi?»
«I ladri.»
«Dove?»
«Qui a casa.»
«Ma quando?»
«Che ne so.»
«E che hanno rubato?»
«Niente.»
«E come fai a dire che sono venuti i ladri se non hanno rubato niente?»
«Mah, un presentimento...» facevo la spiritosa.
«Vabbè, arrivo subito.»
«Ok.»

Giordana, sulla porta, guardava impietrita il soggiorno devastato.
«Ma che cazzo è successo qua dentro?»
«I ladri, credo.»
«I ladri? Ma che ladri sono? Le piaghe d'Egitto in confronto sono i fratelli Marx!»
Si faceva largo fra le macerie con la bocca mezza spalancata. Poi ha chiesto: «E non hanno rubato niente?».
«Non c'era niente da rubare.»
«Beh, la prossima volta lascia un assegno in bianco, mi sa che ti conviene.»
Poi l'ho portata nel bagno.
«Oh, Madonna... e qui?»
«Non lo so.»
«Che schifo.»
«Mh.»
Ha guardato con occhio clinico il soffitto marcio e tumefatto e ha osservato: «Sembrano enormi ravioli al vapore andati a male». La solita nota polemica di Gio contro il cibo cinese, lei preferisce l'indiano e non manca mai di sottolinearlo.

«Bisogna andarlo a dire a quello di sopra» ha aggiunto.
Solo all'idea mi veniva da vomitare.
«Io non dico niente a nessuno.»
«E ti tieni 'sta cagata?»
«Sì.»
«Ma non puoi! La padrona di casa lo deve sapere.»
«Io non la chiamo.»
«La chiamo io.»
Giordana si guardava intorno con due occhioni così.
«È veramente mostruoso. Come hai fatto a non accorgertene prima?»
«Ero da te. E poi non alzo mai gli occhi oltre il metro e mezzo da terra. Tanto il mondo è tutto orrendo, cosa guardo a fare?»
Immagino che non fosse facilissimo parlarmi, dal momento che davo risposte di questo genere. Gio ha indicato i cani e con uno sguardo comprensivo mi ha chiesto: «Tornate da me?».
Non aspettavo altro.
«Sì.»
«Devi fare una denuncia.»
«E cosa denuncio? Un soffitto ammuffito?»
«I ladri.»
«Ah, già. Lo faccio domani.»
«Devi farlo subito.»
«Ma se manco so quando è successo! Cosa cambia una notte in più?»
«Ok, allora andiamo. Prendi le tue cose.»
«Non ho bisogno di niente. Sono pronta.»
Che mi serviva? Il golf grigio col cappuccio ce l'avevo addosso, lo spazzolino da denti era già a casa sua, bastava prendere Harpo e Nyo e il gioco era fatto.
Messe le due pettorine e allacciati i guinzagli ho raccattato cupamente le chiavi di casa. Giordana ha preso la sua borsa e, calpestando i miei mobili sparpagliati, ha guadagnato la porta. Sull'uscio si è bloccata. È tornata indietro, si è infilata nel bagno ed è uscita con la patata americana sot-

to il braccio. L'ignaro vegetale aveva buttato fuori dei graziosissimi germogli verdi.

«Questa la prendo io, è meglio.»

Ero d'accordo. Era l'unica cosa viva in una casa morta, meglio metterla in salvo.

Gio è uscita, io ho sbirciato la colata di merda sul soffitto, ho lanciato un ultimo sguardo al sisma in soggiorno e, sbattendo la porta, mi sono lasciata tutto alle spalle.

Ero sconsolata. No, ero affranta.

Come quella volta che mi avevano vomitato in faccia.

In traghetto, durante una traversata Milazzo-Salina assai turbolenta, un signore debole di stomaco aveva rigurgitato la cena a base di riso e cozze sui miei capelli. Tutti e due sul parapetto a inalare aria pura e salmastra facevamo respiri profondi, solo che lui stava per vomitare, io non lo sapevo ed ero a favore di vento. Quando ho capito che quello schizzo che mi aveva colpito in piena faccia non era un'onda di mare ma una poltiglia di *frutti di mare* era troppo tardi. Ci ho messo un po' a togliermi i chicchi di riso dai capelli, anche perché ero in preda a un attacco isterico.

Quell'esperienza mi aveva segnato profondamente: mi ero sentita umiliata, violata. Come adesso, con la casa che andava a pezzi. E non ci voleva Jung in persona a dirmi che la mia casa ero *io* e che chi andava a pezzi ero sempre e solo io.

Ma siccome la vita è bella, un raggio di sole caldo e luminoso stava per trafiggermi in pieno cuore! Zocchi Superstar! Nonostante la depressione marciasse a ritmi sostenuti (un incubo), il dosaggio di Eutirox prescritta dal mio nuovo endocrinologo funzionava e io mi ero ripresa, almeno fisicamente.

Quella micidiale stanchezza che mi rallentava come una lumaca era sparita, evidentemente quei benedetti microgrammi in più facevano la differenza.

Cordoni continuava a chiamarmi una volta alla settimana e io continuavo a non rispondergli. Che cosa avrei dovuto dirgli? Che bastavano pochi cazzi di *mcg* per farmi campare un po' meglio? Avrei continuato a essere latitante finché non si fosse stancato di telefonare.

Ero vigliacca? Certo, e intendevo continuare a esserlo.

Ormai la cura era azzeccata, perciò chi era dentro era dentro e chi era fuori era fuori.

Cordoni era fuori.

Non mi era affatto facile ragionare così, perché io sono sempre stata piuttosto rispettosa dell'autorità e anche intimidita da chi l'esercitava. Troppo, aggiungo adesso.

Chiunque abbia un ruolo guida mi ha sempre messo in soggezione, e ora che sono decisamente adulta ed emancipata, mi accorgo che ho fatto ponti d'oro a un sacco di coglioni. Ovviamente non sto dicendo che Cordoni fosse un coglione, anzi, sicuramente era un ottimo dottore, ma era dogmaticamente assiso sulle sue incrollabili certezze e non ascoltava.

Quanti re avrebbero bisogno che qualcuno gli dicesse in faccia che sono nudi! Quanti intoccabili andrebbero toccati, quanti indiscutibili andrebbero discussi!

Ma allora ero ancora troppo sprovveduta per prendere il toro per le corna e i medici per il camice.

A proposito di ciò, con Sandonà le cose andavano maluccio.

La cura antidepressiva, dopo vari tentativi e dopo mesi di tragico limbo, aveva attutito la disperazione che mi governava. Evviva? Quasi, perché quella stessa cura mi schiacciava totalmente e mi toglieva ogni spinta. E mi svegliavo tutte le mattine facendomi un bel pianto, rimpiangendo la me stessa che non trovavo più.

Chiunque creda che l'antidepressivo sia la scorciatoia per raggiungere la felicità, crede sbagliato.

L'antidepressivo toglie l'abisso ma non ti regala il sorriso.

L'antidepressivo non ti dà il buonumore, allevia *solo* la disperazione. E dico *solo* perché il lavoro che ci aspetta dopo è immenso.

Il recupero della serenità, della felicità, del piacere di

vivere è qualcosa a cui dobbiamo dedicare tutte le nostre energie e le nostre attenzioni e, tanto per cambiare, molto, molto tempo.

Una volta che, grazie agli psicofarmaci, ci siamo liberati del male oscuro, ci aspetta un percorso delicato e faticoso verso il recupero di noi stessi.

E l'abuso di antidepressivi impedisce tutto questo.

Le magiche pastigliette che mi avevano impedito di buttarmi dalla finestra quando non vedevo altra soluzione alla mia vita piena di dolore, esercitavano, ahimè, anche una funzione estremamente frustrante sul mio io e mi impedivano di rialzare la testa.

Su questo terreno avveniva il tacito scontro fra me e Sandonà.

Dopo mesi, mesi e mesi di prove tecniche di psicofarmaci, dopo avere con grande fatica individuato quelli più efficaci (altri mesi, mesi, mesi) e dopo aver dato ai suddetti il tempo di fare effetto (ancora mesi e mesi e mesi) la mia psiche aveva la vivacità di un pilastro di cemento di un cavalcavia. Piuttosto poca.

Volevo rientrare in contatto con quella persona che, se non ricordavo male, si chiamava Veronica, che avevo conosciuto nel 1965 e che, tutto sommato, mi stava abbastanza simpatica e avrei voluto continuare a frequentare per un altro po' di tempo, magari fino alla sua morte. Ma questo non accadeva.

E sì che, anche fisicamente, ormai ero in forma; le analisi decretavano la mia perfetta funzione tiroidea, quindi.

Quindi, qual era il problema?

Il problema erano gli psicofarmaci. Troppi.

L'ho detto più volte nel corso di questo libro, Dio li benedica perché sono indispensabili per la guarigione, ma non affezioniamoci troppo perché rischiano di mangiarci vivi. E, fino a prova contraria, siamo noi a dover ingurgitare loro, non loro noi.

Giordana era lievemente preoccupata.

«Quand'è che devi tornare da lui?»

«La settimana prossima.»
«Vengo anch'io. Voglio parlarci.»
«Vuoi litigare?»
«Ma no! Perché dovrei litigare? Voglio solo capire come intende procedere con te. Sei troppo stesa, troppo appiattita.»
«Mh. E che gli vuoi dire?»
«Niente, voglio farmi dire da lui cosa pensa di fare. Tranquilla.»
Secondo me voleva litigare.
La settimana dopo, un giovedì (per inciso, un giorno della settimana che ho sempre trovato estremamente cretino) eravamo tutte e due da Sandonà.
Io ero calma, mesta e noiosa, Giordana reattiva e attenta.
Il giovanottone era di ottimo umore e stava facendo il suo piano di battaglia. Dottor Risiko.
«E secondo te (ci davamo tutti del tu) per quanto tempo ancora Veronica dovrà andare avanti con gli psicofarmaci?» gli ha domandato Gio.
«Mah, guarda, è difficile dirlo adesso. Per ora abbiamo ottenuto dei buoni risultati, ma è presto per trarre conclusioni.»
Giusto, pensavo io.
«Mah, in linea di massima, credo che la cura che sta facendo potrebbe proseguire per un altro annetto.»
Gulp! Cheeee?
Sandonà doveva aver visto il fremito che aveva scosso me e Gio, perché ha subito corretto il tiro.
«Sì, insomma, un anno, otto mesi più o meno.»
Lei lo ha guardato con un sorriso estremamente fisso e cortese.
«Otto mesi? Perché?»
I ruoli si erano immediatamente invertiti. Ora lei sembrava la psichiatra e Sandonà il paziente. Nello sfoggio di autorità, fra i due non c'era partita. Cominciavo a divertirmi, facevo il tifo, scordando che la posta in palio ero io.
«Beh, sai, è necessario stabilizzare la situazione. Ho capito che Veronica, di suo, tende a essere molto su di giri, molto sopra le righe.»

«Veramente Veronica è fatta così, è il suo carattere. Non è "su di giri", è semplicemente una persona molto vivace. È estroversa e attiva, non "sopra le righe". "Sopra le righe" vuol dire eccessiva in tutto, lei non lo è.»

«Beh, però anche questa sua tendenza a ironizzare sulle cose...»

«È una persona piena di verve, tra l'altro fa un mestiere nel quale questo è importante. Ha un rapporto molto intenso con la sua emotività, ma ti pare un problema?»

Lui proseguiva: «... ed è ossessivamente preoccupata di recuperare questa sua, ehm, vivacità diciamo».

«È il suo specifico. Per forza è preoccupata.» Tre a zero per Giordana.

Che figata, mi divertivo un sacco!

«Beh, io penso che a Veronica faccia bene continuare la cura per almeno altri otto mesi. Poi cominceremo a scalare» ha concluso Sandonà.

«A scalare?» ha chiesto Gio un po' rigida. «Cioè, vuoi dire che dopo gli otto mesi dovrà andare avanti... per quanto?»

«Beh, diminuendo piano piano le dosi io credo che dopo questi otto mesi si potrebbe ragionevolmente pensare a un altro anno, un anno e mezzo di cura. Poi vedremo.»

Dunque, vediamo... otto mesi più un anno fa venti mesi, quasi due anni, se aggiungiamo un altro mezzo anno, cioè altri sei mesi, fa ventisei mesi, cioè, due anni abbondanti. Altri due anni abbondanti di antidepressivi? Per una depressione come la mia, frutto di un Big Bang farmacologico e senza alcun indizio di familiarità? Quello era matto.

«Pensa che io ti volevo chiedere se non si poteva cominciare a scalare da subito» ha buttato lì Gio, ma il buon Sandonà ha sgranato gli occhioni neri aggiungendo definitivo: «Da subito? Per me lei potrebbe essere un soggetto che ha bisogno di psicofarmaci a vita».

Psicofarmaci a vita.

Psicofarmaci a vita.

Non mi divertivo più manco per il cazzo.

«Scusa in che senso "a vita"?» ha domandato Giordana.

«Nel senso che così stabilizzerebbe il suo umore. Per avere un equilibrio costante. Diciamo per avere... più equilibrio.»

Qui mi fermo e faccio una precisazione: non ricordo se Sandonà abbia detto esattamente la frase che ho riportato. Però, il significato era quello.

Questo, invece, è quello che dice Erich Fromm nel libro *I cosiddetti sani:*

"Temo che noi tutti, o almeno noi psichiatri, parliamo con troppa disinvoltura di 'nevrosi' o 'pazzia' ogni qualvolta un modo di sentire, un tipo di esperienza o una particolare risposta ai problemi dell'esistenza umana non coincidono esattamente con quello di cui ci si dovrebbe accontentare. Chi, invece di accontentarsi, elabora un più profondo, o comunque diverso, sistema di orientamento o devozione, viene semplicemente considerato nevrotico o pazzo."

No comment.

Sandonà mi trattava, se non come una pazza, come una persona fortemente bipolare, ma io non ero bipolare, io rivendicavo soltanto il mio carattere puro e semplice.

Io vivo di picchi alti e bassi, sono fatta così. Il grafico della mia vita ha senso solo se il tracciato sale, s'impenna e poi si tuffa verso il basso dandomi la certezza che *esisto.* Che cosa me ne importa di gironzolare intorno alla linea di base come una mosca intorno alla cacca?

E più Giordana gli raccontava com'ero fatta, più lui ribadiva che non era detto che la mia natura andasse assecondata.

Perché?

Per rigidità mentale. E, secondo me, anche per maschilismo.

So che può sembrare uno sproloquio, ma sono certa che molte donne capiranno quello che sto per dire.

Il maschilismo (forse inconscio) del mio psichiatra consisteva nel non *tollerare* una donna con le mie caratteristiche e le mie esigenze. Più gli raccontavo quella che ero prima del disastro e meno mi capiva. Ogni volta che reclamavo la mia vitalità lui ribatteva con un'ode alla moderazione.

Oddio, sappiamo bene che l'esuberanza femminile agli uomini, in genere, non piace mica tanto. Un rischioso e pietoso retaggio culturale vuole l'uomo vigoroso e pimpante e la donna discreta e felice di stare al suo fianco e al suo gioco.

Ma siamo proprio sicuri che i ruoli siano giustamente distribuiti?

Naturalmente no. L'uomo è solo stato allevato da sempre con una maggiore libertà di espressione, mentre alle donne vengono ancora troppo spesso *fasciati i piedi* perché rimangano piccoli. Anzi, atrofizzati.

La vivacità vitale di noi bambine (dalla cui *parte,* ahimè, stanno ancora in pochi) è spesso per i giovanotti motivo di cruccio.

Proprio in occasione della mia malattia ho avuto modo di constatare quanto i medici maschi che mi hanno manipolato (quasi tutti) abbiano teso sempre alla frustrazione della mia personalità a favore di ciò che secondo loro io dovevo essere in quanto *ufficialmente donna.*

Tutto di loro diceva che non mi sapevano gestire, non tanto dal punto di vista medico, quanto dal punto di vista caratteriale.

E nessuno mi toglierà mai dalla testa che il profondo ostracismo che serpeggiava nei confronti della mia personalità mutilata dalla malattia non avesse origine nel radicato e (spesso) inconsapevole maschilismo dei dottori che azzeravano la mie vere necessità a favore del *loro* concetto di femmina.

Pensate che stia straparlando? Non è così.

Anche Sandonà lo stava facendo. Fra me e lui c'era in atto una lotta per la libertà di espressione, non solo una storiaccia di psicofarmaci.

Io volevo tornare *io* e *lui* voleva che fossi una signorina equilibrata. Bleah!

Sono uscita da quella visita distrutta. Ho pianto tutte le mie lacrime, non ci potevo credere: mi aspettavano almeno due anni di pillole, gocce, capsule, compresse.

Giordana era furibonda, continuava ad abbracciarmi e a dirmi di stare tranquilla, che non sarebbe andata come Sandonà aveva programmato.

E poi che cazzo voleva dire "avere più equilibrio"? Eravamo daccapo con le regoline alle quali dovevo aderire sennò ero fuori target?

Purtroppo io sono così, "un po' sopra le righe", (come tu dici, my doctor) e *sopra* quelle righe vorrei restarci, perché è da quando sono nata che questo pentagramma scandisce la mia vita nella buona e nella cattiva sorte. E la musica vorrei farla io.

Quella sera è stata una delle più incerte della mia esistenza. Non sapevo veramente che ne sarebbe stato di me e mi vedevo come Jack Nicholson nel finale del *Cuculo* dopo la lobotomia: con un sorriso da deficiente stampato in faccia.

Il giorno dopo ero ancora più giù.

Ciononostante, ho deciso di reagire e ho annunciato a Giordana che sarei andata a casa mia per affrontare la baraonda post furto che era ancora lì, esattamente come l'avevo lasciata.

Avevo fatto la denuncia e dovevo cambiare la serratura, forzata e polverizzata dai ladri.

La fatidica sera dell'atroce scoperta, infatti, mi ero chiusa la porta alle spalle con stizza e disappunto. Era stata una gran cazzata, perché, se il gesto in sé poteva anche avere una sua plateale efficacia, qualcosa nel meccanismo di chiusura s'era inceppato e adesso quella stronza di porta non si apriva più.

Ero, per l'ennesima volta, fuori di casa.

Sono andata a chiedere aiuto al portinaio e lui, gentilissimo, mi ha allungato un martello e un piede di porco di un metro garantendomi che con quello avrei aperto qualunque cosa. Non avevo dubbi, era un attrezzo smisurato e pesantissimo.

Mi sono messa d'impegno e ho cominciato a far leva di qua e di là martellando come una forsennata. Sono riuscita a infilare il piede di porco fra i due battenti ma qualcosa bloccava l'apertura. Cominciavo a sudare.

Spingevo quell'aggeggio micidiale per aprire un varco, ma la mia *ex* porta era inespugnabile. Giù martellate, ma niente.

Spingevo, sudavo e piangevo, ero disperata.

In quel preciso istante la signora Marroni, in vestaglia, ha pensato bene di scendere al mio piano con un contenitore pieno di minestrone per la nipote. Appena mi ha visto ha attaccato: «Ahò, l'ho vista ieri sera, sa?».

Oh, Madonna, un'altra che ce l'aveva con la mia faccia gonfia?

«Hanno dato quel film che fa tanto ride... com'è che se chiama?»

La forza bruta con la quale spingevo il piede di porco m'impediva di rispondere e speravo che la Marroni se ne accorgesse. Manco per il cavolo.

«Ma sì, quello co' Verdone!»

Ah, era *Viaggi di nozze*, ogni tanto lo replicavano.

«Ma com'è che je dice lei, quanno state a letto? Che lui c'ha i tappi nelle 'recchie?»

Era una scena senza dubbio esilarante, al cinema ridevano tutti, ma quello era il momento sbagliato per parlarne. Grondavo di sudore, sbuffavo come un mantice e scassinavo casa mia con un ferro che pesava dieci chili; ero un po' in difficoltà.

«... che je dice tutte quelle parolacce... com'è che fa? Com'è che je dice?»

Perché quella megera non se ne andava fuori dai coglioni e non portava quel cazzo di minestrone a sua nipote? Con un sorriso educato smostrato dalla fatica, forzando la porta, ho balbettato: «Eh... eh, sì mi ricordo... le... le è piaciuto?».

«Tanto! Ma quanto me fa' ride'! Com'è che je dice?»

La iena non mollava. Ho capito che non avrebbe mai schiodato se non le avessi recitato per filo e per segno la mia battuta, quindi, mentre la mia dignità franava, vergognandomi come una ladra, l'ho fatto.

«Ammazza quanto me fa' ride! Me fa proprio ride!» ghignava la Marroni mentre la pentola di minestrone sussultava fra le sue braccia. Io spingevo il piede di porco, boccheggiavo esausta e le sorridevo cortesemente per non lasciarla sola in quell'atmosfera amena.

Poi, paga dello spettacolino cui aveva assistito in esclusiva, si è aggiustata la vestaglia e ha recuperato il suo aplomb: «Vabbè, la saluto, vado da mia nipote».

«Arrivederci signora» ho gracchiato ansimando sotto sforzo.

«E ne faccia n'antro de film co' Verdone. Così ce fa' ancora ride!»

Era il mio destino. Dall'esimio Tognetti alla signora Marroni in vestaglia col minestrone in mano, la richiesta era sempre quella: ci faccia ridere.

Con una martellata più generosa delle altre son riuscita a spaccare qualcosa non ben identificato che bloccava l'apertura della porta. Ce l'avevo fatta!

Soddisfatta, ho sfilato il piede di porco dalla fessura pronta a entrare nella mia spelonca abbandonata, ma un colpo secco mi ha gelato: i due battenti si sono richiusi su se stessi all'unisono con uno *sbam!* definitivo.

Ero fuori. Forse per sempre.

Dopo cinque secondi di smarrimento ho raccolto martello e piede di porco e ho cominciato a scendere le scale, molto lentamente. Ero sudatissima e stanca morta.

«Tutto a posto?» mi ha chiesto il portinaio recuperando i suoi attrezzi.

«Sì, grazie. Tutto a posto.»

Sono uscita dal portone svuotata. L'aria mi congelava il sudore addosso e acuiva il mio disagio esistenziale. Il trillo stupido di un sms arrivato in quel momento mi ha scosso all'improvviso. Era lei.

"FORSE HO LA SOLUZIONE."

Ineffabile donna. Mi sono fiondata a casa di Gio.

15

Abbiamo cominciato a scalare gli psicofarmaci. Da sole, senza dirlo a nessuno.

Giordana si è assunta questa enorme responsabilità e mi ha aiutato a uscire dalla depressione.

Alt: sapeva quel che faceva. Essendo la nipote di uno psichiatra, aveva campato allo studio del nonno e gli aveva visto curare e guarire centinaia di persone. Aveva anche lavorato da lui, per un periodo.

Gio conosceva bene gli psicofarmaci e i loro effetti perché anche lei era passata attraverso una brutta depressione dalla quale era uscita proprio con l'aiuto di suo nonno e con molta sofferenza.

Capiva bene il mio disagio.

«Se ti fidi possiamo provare a diminuire lentamente. Conosco quello che stai prendendo, togliamo un pezzettino per volta.»

Le ho sorriso: «Un pezzettino per volta?».

«Un pezzettino piccolo» ha precisato.

«Ok. Allora facciamolo subito.»

«Aspetta, non cominciare a fare casino. Se ci stai proviamo con dosi minime, ma ci metteremo un bel po' di tempo, non dobbiamo sbagliare.»

«Basta che non ci mettiamo due anni!»

«È proprio per non metterci due anni che ti propongo di farlo.»

«Dài che non ne posso più.»

«Stai calma, non ti gasare.»

«Macché calma! Da cosa cominciamo?»

Niente da fare, non imparavo. La moderazione non è mai stata il mio forte.

«Veronica, cazzo, non farmi pentire di quello che t'ho detto. Ora ci ragioniamo con tranquillità e poi ci proviamo.»

Che ragionasse lei, io non ne potevo più! Infatti lei ci ha ragionato e il (lentissimo) conto alla rovescia è iniziato.

Gio era preoccupata, lo vedevo. Io, sotto il mio st(r)ato larvale, mi sentivo ardita come la tigre della Malesia, ma non lo davo a intendere sennò quella s'incazzava.

Quindi, sangue freddo.

Abbiamo deciso di mettere Deike a parte del nostro piano scellerato sperando che non ci facesse il culo e lei, illuminata, ci ha incoraggiate, offrendoci il suo aiuto in caso di necessità. Fichissima Deike.

La prima settimana ho tolto un ottavo di una delle due pastiglie che prendevo quotidianamente un paio volte al giorno. Tutto ok, l'umore reggeva.

La seconda settimana ho tolto un ottavo dell'altra pastiglia.

Piano, piano.

La terza settimana ho ridotto le gocce. Poi ci siamo fermate e per due settimane abbiamo lasciato tutto com'era.

Avevo appuntamento con Sandonà, una visita di controllo.

Mi sono presentata calma e tranquilla, mentre in realtà fremevo per quello che stavamo facendo a sua insaputa.

Con un consulto rapido ha constatato che ero stazionaria e ciò lo ha soddisfatto.

Hi, hi, hi.

L'ho salutato e io e Gio abbiamo continuato a scalare.

Piano, piano.

Lei mi monitorava, stava attenta a ogni minima variazione del mio umore. Per fortuna, quello continuava a reggere. Dopo un mese abbondante, ho tolto un altro ottavo di pastiglia, poi un quarto, e poi altre gocce.

Dopo tre mesi prendevo un terzo degli antidepressivi previsti.

Dopo cinque mesi e mezzo ero libera.

Avevo un'altra visita da Sandonà. Ero euforica.

Giordana mi ha chiesto se volevo che mi accompagnasse ma le ho detto che non c'era problema, avrei fatto da sola.

E ho fatto da sola.

Mi sono seduta di fronte al mio psichiatra e gli ho detto che non prendevo più niente.

Ho visto lo stupore e il dispiacere tatuati sulla sua faccia. Perché non l'avevo avvisato?

«Perché tu hai dichiarato che non lo potevo fare» ho risposto serenamente.

Era molto colpito. Ha incassato e rilanciato.

«Beh, ma ne avremmo dovuto parlare. Avremmo potuto discuterne tranquillamente.»

«No. Tu sei stato categorico, mi hai fatto un piano che prevedeva anni di psicofarmaci e io non ne potevo più. Ho provato a dirtelo ma non c'è stato verso.»

Era sufficientemente ammutolito. E non perché non avesse una parlantina agile e disinvolta, al contrario, ma perché non gli tornavano i conti. Questa insubordinazione pinocchiesca lo zittiva.

«Ci ha provato anche Giordana a dirtelo, ma avete discusso senza capirvi.»

Era vero. Mi ha guardato serio e mi ha chiesto: «E adesso come stai?».

«Abbastanza bene Almeno non sono più spianata come prima. E non piango più tutte le mattine appena mi sveglio e mi sento in trappola. Sento le energie che si fanno vive; da lontano, ma le sento.»

«E che pensi di fare?»

«Continuare così. Gli psicofarmaci non li prendo più, spero di non crollare.»

«Eh, perché è quello il rischio, lo sai.»

Certo che lo sapevo. Me la facevo sotto, tanto lo sapevo, ma non potevo più vivere sottoterra. Dovevo uscire.

«Ho tolto poco poco per volta, ci ho messo cinque mesi e mezzo, quasi sei, mica un giorno. Giordana mi ha controllato in continuazione.»

«Ok. Beh, lei sa di che parliamo. Fate attenzione» ha sospirato. Poi ha aggiunto: «Se stai bene sono contento. Hai fatto bene».

Grande Sandonà. Grazie.

Ero pronta ad affrontare qualunque reazione, ma mentirei se dicessi che una sua arrabbiatura non mi avrebbe messo in agitazione. Mi sembrava, invece, che, per la prima volta, mi trattasse da adulta. Strano, proprio adesso che avevo fatto una marachella...

Ho un ricordo molto piacevole di quell'ultima visita. Non so se avrebbe voluto farmi la pelle o stringermi la mano, ma è stato gentile e interlocutorio.

Stavo facendo una cosa importante e delicata, ragionata e azzardata, imponderabile ma inevitabile: riacchiappavo per la collottola il mio corpo e la mia mente.

Ero un misto di spavalderia e di fifa, perché la mia psiche era ancora molto fragile, o comunque, temevo che lo fosse. Dopo tanto tempo che me ne andavo a braccetto con gli psicofarmaci avrei dovuto tentare di star su da sola. E se fossi caduta? Se fossi ripiombata nella disperazione? Se avessi guardato di nuovo vogliosamente quel povero golf grigio col cappuccio?

«Io ci sono. Se hai bisogno chiamami, vieni a trovarmi. Non c'è problema, ok?» mi ha detto Sandonà a visita finita.

«Ok. Grazie.»

Questa volta la mano ce la siamo stretta veramente.

Sono uscita e ho chiamato subito Gio.

«Gliel'ho detto!»

«Cacchio! E lui?»

«E lui ha detto che va bene. D'altronde che poteva fare?»

«Niente. Tu come stai?»

«Bene, grazie.»

«Non hai sputtanato Deike?»

«Ma sei pazza? Poi quello la va a cercare e la uccide.»

«Eh, infatti. Sicura che stai bene?»
«Sì.»
Non so perché, ma sorridevo, non ne potevo fare a meno. Probabilmente era la mia mente che sorrideva e il mio corpo la seguiva.
«Andiamo fuori stasera?»
«Sì.»
«Pizza?»
«Sì.»

Non sono una sostenitrice dell'happy end a tutti i costi, perciò non dirò che da quel momento in poi è andato tutto liscio, perché non è così.
Ho dovuto fare i conti con un sacco di difficoltà psicologiche, relazionali, emotive, logistiche, economiche e professionali.
Naturale, mi ero occupata per troppo tempo di un solo (enorme) problema perché tutto il resto non ne risentisse!
Nei film se la cavano col montaggio, con la scritta *alcuni anni dopo*, con una dissolvenza lenta e intensa, e il tempo perde le sue regole e la sua rigidità.
Ma nella realtà scorre come pare a lui.
Quando ti diverti vola e quando soffri arranca.
E, mentre arrancavo, ingurgitavo di tutto. Con la depressione ho ingerito le pillole più disparate.
Ricordo un farmaco sulle cui istruzioni c'era scritto: *istiga al gioco d'azzardo.*
Giuro, c'era scritto proprio così. Già mi vedevo: la reginetta delle bische clandestine. Poi c'erano le medicine che millantavano il rischio di ipersessualità. Seee, magari! Era già defunta la sessualità pura e semplice, figuratevi l'*iper*!
Ho ciucciato dei pasticconi che curavano il Parkinson (che non avevo, fino a prova contraria) e l'epilessia (mah...). E anche delle capsulette che preannunciavano la caduta dei capelli. Non è capitato, ma sono diventati grigi. Era il minimo. Allora non me ne importava, ero azzerata, adesso mi tingo furiosamente e sfoggio un fantastico castano mechato

che, dopo alcuni lavaggi, diventa giallo e poi verde, ma la colpa è mia che mi annoio da bestia a far la tinta e vado dal parrucchiere solo quando sono irrimediabilmente bicolore.

Un farmaco azzurrino contemplava la macabra possibilità che mi si spezzassero le unghie, ma io l'ho fottuto: me le mangio da quando ho l'età della ragione, non si sarebbe spezzato un bel niente perché non avrebbero avuto manco il tempo di crescere, tiè.

Che scorpacciate di medicine ho fatto in quegli anni!

Sarà per quello che adesso mi tengo alla larga anche dall'aspirina?

Nel lavoro, ho fatto a cazzotti col mio *irrazionale* che voleva sempre dire la sua e mettermi *emotivamente* in mutande, mentre quello che serviva era l'esatto opposto. Dovevo rendere, funzionare, e così ho fatto. Motore, azione e via andare!

E, come sempre, nessuno si è accorto di niente.

La mia famiglia mi ha recuperato a depressione sconfitta. Durante il periodo nero ho riservato ai miei una figlia e una sorella assente e triste, ma non potevo fare altro. Abbiamo sofferto tutti.

Deike, dopo l'addio agli psicofarmaci, l'ho lasciata. Il nostro percorso a un certo punto non ha avuto più sbocchi e il rapporto è finito.

Una donna ferrea e perbene.

Zocchi (Zocchi Superstar!) mi ha controllato per un po' di tempo ma poi, avendo appurato che la mia funzione tiroidea era perfetta, ci siamo salutati con un bel sorriso.

La mia funzione tiroidea è perfetta tuttora, quindi faccio le analisi ogni sei mesi e vivo felicemente col mio Eutirox 100 e 75, a giorni alterni.

Cordoni, a un certo punto, ha smesso di cercarmi al cellulare. Forse la mia latitanza lo ha convinto a non occuparsi più di me.

Meno male, sennò mi sarei sentita sempre più in colpa. Comunque, visto che il mio nuovo psicanalista è uno dei massimi esperti di senso di colpa, non sarebbe stato poi così grave.

Lui è arrivato dopo che avevo lasciato Deike.
Un genio.
Il nostro rapporto è durato circa due anni.
È un irregolare. È sbilenco, distratto, brusco, ma è un grande. E un sapiente.

Una sera, molto tardi, stavo guardando la televisione. All'improvviso ha squillato il telefono.
«Stai vedendo De Leo?» era Gio.
«No, cos'è?»
«Non cos'è, CHI è. È un vecchio psicanalista; pensa, era il migliore amico di mio nonno. Canale 412.»
Ho cominciato a schiacciare i tasti sul telecomando e mi sono imbattuta in un signore con una faccia arcigna e simpatica insieme.
«Quel vecchiaccio cattivo?»
«Sì. È in gamba, sta dicendo delle cose fantastiche.»
Sono rimasta con la cornetta appoggiata all'orecchio e ho seguito l'intervista. Io e Gio commentavamo quello che diceva De Leo che, effettivamente, era molto interessante.
«Non sapevo che esercitasse ancora. Pensa, l'ho conosciuto che avevo tre anni!» ha detto Gio e, dopo un secondo di silenzio, ha scagliato la freccia: «Vai da lui!».
«Eh?»
«Vai da lui! È bravissimo, ti giuro è uno figo. È una fortuna averlo visto qui, io ho perso i contatti molto tempo fa, ma lo troviamo!»
«Ma questo c'avrà da fare. Sarà pieno di gente, non mi prenderà mai!» mi piangevo stupidamente addosso.
«Perché, scusa? Proviamoci, cerchiamo di recuperarlo e poi vediamo, no?»
Certo, l'idea mi allettava. E di un nuovo psicanalista avevo bisogno.
Così è scattata l'operazione De Leo.

Lo studio era bello, vecchio, austero e accogliente. Come lui.
Ero un po' intimidita, quel signore sapeva il fatto suo

e io volevo fargli una buona impressione. Mi sarebbe dispiaciuto non piacergli. Volevo che mi trovasse intelligente.

Mostruoso, ero già in pieno transfert prima ancora di cominciare!

Mi sono seduta alla sua scrivania ingombra di carte e disordine. Aveva un vaso di coccio pieno di fiori di campo, i miei preferiti. Wow.

Ho cominciato a parlargli di me, a raccontargli cosa mi era successo e come stavo. Ero tesa. Lui ascoltava.

Lo volevo colpire e ho cominciato a chiacchierare sfoderando tutta la mia verve e inanellando battute di spirito: un fuoco d'artificio avrebbe fatto meno casino.

Stavo sicuramente andando bene, non poteva non provare almeno un po' di curiosità! Mentre lo stordivo col mio strepitoso sense of humour, lui mi ha bloccato con un sorriso cortese.

«Perché mi racconta tutto questo come una barzelletta?» mi ha domandato.

«Beh, perché io sono così, non riesco a non ridere sulle cose. E poi mi pare tutto più digeribile se è divertente.»

Mi ha guardato negli occhi e, con aria seria e disarmante ha osservato: «Ma lei non è qui per divertirmi, non deve mica farmi ridere».

Una fucilata.

Ah no? No. Infatti. Non dovevo far ridere nessuno.

«In compenso» ha continuato «visto tutto il dolore che ha accumulato, può piangere quanto vuole.»

La mia gola si è stretta in un secondo. Un nodo Savoia mi ha bloccato le parole e il respiro riempiendomi gli occhi di lacrime.

Ho cominciato a piangere, piangere e piangere.

È stato il pianto più divertente della mia vita.

Arnoldo Mondadori Editore S.p.A.

Questo volume è stato stampato
presso Mondadori Printing S.p.A.
Stabilimento Nuova Stampa Mondadori - Cles (TN)

Stampato in Italia - Printed in Italy